KB079471

협동의 재발견

KYODO NO SAIHAKKEN "CHIISANA KYODO" NO HATTEN TO
KYODOKUMIAI NO MIRAI

Edited by Hideki Tanaka
Copyright © Hideki Tanaka, 2017
All rights reserved.

Original Japanese edition published by Ie-No-Hikari Association
Korean translation copyright © 2020 by Alma Inc.
This Korean edition was published by arrangement with Ie-No-Hikari Association, Tokyo,
through HonnoKizuna, Inc., Tokyo, and BC Agency

협동의
재발견

'작은 협동'의
발전과
협동조합의
미래

다나카 히데키 편저
田中秀樹

세이프넷지원센터 국제팀 옮김

일러두기

• 단행본과 정기간행물은《 》로, 논문, 기사 등은〈 〉로 표시했다.

• 옮긴이 주는 '옮긴이'라고 표시했다.

• 본문에서 말하는 년도는 그해 4월부터 그다음 해의 3월까지를 뜻한다.

서문

오늘날 농협과 생협은 조직 운영의 밑바탕이라 할 기초 조직이 취약해져 있다. 생협의 기초 조직이었던 반(班)은 이미 해체되고 있으며 농협의 기초 조직인 집락(集落)은 그 기능을 잃어가는 추세다. 협동조합의 기초 조직은 단순히 조직 운영에 필요한 기본 단위를 넘어 협동조합 운동에서 협동의 실태이자 협동의 단위이기도 하다. 지금은 대규모 조직이 된 협동조합의 초창기 발전 원동력은 협동의 단위인 반과 집락에 있었다. 그렇기에 유명무실해지는 기초 조직은 협동조합 내부에서 협동이 쇠퇴하고 있음을 의미한다.

협동조합 내부의 협동이 쇠퇴함과 함께 일본 정부의 규제 개혁 회의[1]가 내놓은 농협개혁안이 상징하듯이, 외부로부터 협동조합을 향한 공격이 시작되었고, 조합 내부에 신자유주의에 따른 경쟁 논리가 침투

---

[1] 총리의 자문 요청이 있을 때 경제 사회 구조 개혁을 추진하는 데 필요한 기본 사항을 조사, 심의하는 기구.(옮긴이)

했으며, 협동조합에 대한 반대 여론 역시 거세지고 있는 중이다. 지금 시대에 맞는 협동의 재구축과 이에 근거한 협동조합 운동의 재건이 필요한 순간이다.

협동조합은 시대의 산물이며 시대마다 다른 모습과 기능을 가진다. 시대와 함께 탄생한 협동의 모습이 다르기 때문이다.

그런데 전 세계가 글로벌 시장 단계에 들어서면서 각지에서 지역 만들기가 일어나고 있다. 농업 생산이나 직매장, 복지와 돌봄, 의료 분야에서 새로운 협동이 발전하여 새로운 협동조합을 만들고 있다. 판매와 신용, 구매 협동조합인 농협과 생협의 커다란 규모에 비해 새로운 협동조합은 범위와 규모가 작은 것이 특징이다.

또한 이런 새로운 협동조합이 지역 만들기와 연결되어 전개되고 있다는 것 역시 커다란 특징으로 꼽을 수 있다. 지역 경제를 피폐하게 만드는 글로벌 시장의 출현에 지역 만들기로 현재의 과제를 해결하려는 주민들의 대응이 이러한 형태로 나타난 것이다.

가령 이런 흐름에 '작은 협동'이라는 이름을 붙여보자. 협동이 쇠퇴하고 있는 기존의 '큰 협동조합'은 현 단계에서 어떤 '작은 협동'이 탄생하고 있는지를 확인하고, 이런 시대의 힘을 자신의 조직 내부로 끌어들여 새로운 협동조합 운동으로 발전시켜 나가는 자세가 필요하다. 농협과 생협은 '작은 협동'에 어떻게 대응할 것인가?

이 책은 이런 문제의식을 토대로 서술되었다. 특히 분명히 해두고 싶은 것은 아래 세 가지이다.

'작은 협동'이란 무엇인가?

'작은 협동'은 '큰 협동조합' 내부의 협동을 되살릴 수 있는가?

'작은 협동'과 '큰 협동조합'의 관련 구조와 '큰 협동조합'의 방향성은 무엇인가?

위의 질문에 대한 고민을 명확히 해나간다면 다음 세대 협동조합의 모습이 보이게 될 것이다.

2017년 4월

다나카 히데키

차례

'작은 협동'이란

다나카 히데키

1 _ '작은 협동'이란

서장에서는 '작은 협동'이란 구체적으로 어떤 협동 조직이며 왜 작은지에 대해, 그리고 지금이 '큰 협동조합'인 농협과 생협이 발전했던 시기를 지나 '작은 협동의 시대'라는 점에 대해 논하려 한다. 즉, '작은 협동'의 역사성 및 그 의의에 대해 검토하고자 하는 것이다.

　'작은 협동'이란 1990년대부터 발전해온 새로운 협동의 실천과 조직들을 말한다. 복지 분야에서는 서로 돕기 협동 조직을, 농업 생산의 측면에서는 집락 영농, 집락형 농업 생산 법인과 새로운 판매 협동인 직매장 등을 예시로 들 수 있다. 조직의 구체적인 모습이나 형태, 활동 내용은 이 책의 각 장을 참조하면 되는데, 앞선 예시 중 어느 조직이나 글로벌 시장 단계에 들어서면서 실생활의 어려움이 변화함에 따라 등장한 새로운 협동 조직이라는 점은 같다.

　우선, 복지와 돌봄 분야를 중심으로 생활 전반에서 서로 돕기 활동

이 다양한 협동 조직으로 나타나기 시작했다. 농협, 생협에서 조합원의
서로 돕기 활동은 1980년대 처음 등장해 1990년대에 들어와 본격적으
로 전개되었다. 1983년 코프고베에서 '생활의 서로 돕기 모임(くらしの
助け合いの会)'이 최초로 시작되었고 이를 모델로 생협히로시마가 1988
년, 농협은 JA아즈미(JAあづみ)가 1990년에 서로 돕기 제도를 시작했다.
1992년에는 전국 농협의 서로 돕기 조직이 10개에 이르렀다(2장 참조).
농촌 여성들이 '돌봄은 자신의 문제'로 받아들이면서 농협 헬퍼[1] 양성
연수 수강자가 급증하였고 이들이 서로 돕기 모임으로 모여 활동을 확
장해간 것도 1990년대이다.

　협동조합 내부의 서로 돕기 모임 이외에 복지클럽생협은 워커즈콜
렉티브라는 노동자협동조합 방식으로 1989년부터 지역의 서로 돕기
활동을 조직하기 시작했다(4장). 또한 생협시마네는 당시 아직 합병하
기 전이었던 지바코프를 본보기로 삼아, 생협에서 자립해 보다 지역에
개방된 '오타가이사마'를 2002년에 시작했다(3장). 이외에도 교리츠샤
쓰루오카생협이 지역의 협동조합과 연합해 펼치는 복지 협동, 생활클
럽생협이나 수도권코프사업연합의 회원 생협들이 펼치는 복지 관련 워
커즈콜렉티브, 고령자 생협의 활동과 관련 조직을 복지 분야의 새로운
협동의 사례로 들 수 있다. 이처럼 복지 분야를 넘어 생활 전반에 이르
게 된 서로 돕기 활동은 생협과 농협에서 1990년대 전후부터 시작되어,
모두 협동 조직을 통해 조직화되었으며, 지역 커뮤니티에서 협동을 키
워나간 것이 특징이다.

---

[1]　노인 장기 요양 보험의 돌봄 서비스를 제공하는 사람으로 현재는 3단계(초임자 연수, 실무
　　자 연수, 개호 복지사)의 자격이 있다.(옮긴이)

농업에서는 새롭게 생산 분야의 협동이 나타나기 시작해 집락 영농에서 집락형 농업 생산 법인이 탄생했다. 전후 일본 농업은 개별 생산 완결 구조를 추구하면서 협동은 판매나 신용, 공제에서만 이루어졌는데, 1970년대에 겸업이 확대되고 쌀 생산 조정과 자작농의 개별 완결성이 무너지면서 개별 농가를 보완하는 집단 실천이 나타나기 시작한 것이다.

기계를 함께 사용하거나 감반(減反)[2]에 따른 공동 전작(轉作)의 형태로 집단 영농이 나타났으며 글로벌 시장이 확대되며 집락 기반의 농업 생산 법인화라는 형태로 생산 협동이 본격적으로 발전했다. 마을의 농업을 지키기 위해서는 남아 있는 노동력을 모아 기계 작업이 가능한 운전 집단과 물 관리나 논두렁 풀매기가 가능한 고령 농가로 일을 분업해 협업을 통한 협동을 조직하는 것이 필요했다. 나아가 집락형 농업 생산 법인은 생산 측면에서만의 협동을 넘어 실생활 속의 협동으로까지 그 영역을 넓히면서 이전의 '마을 농협'의 현대판으로 지역 만들기의 중요한 부분을 담당하고 있는 추세다.[3]

농산물 판매에서는 글로벌 시장의 여파로 직매장이 발전했는데, 새로운 협동 조직의 모습을 갖춘 것들이 나타나기 시작했다.[4] 이런 협동 조직에서는 출하자들끼리의 경쟁을 조정하고, 출하 상품의 차이를 인정하며, 개성 있는 상품 개발과 소량 다품종의 상품군을 충실하게 갖춰나가는 과정을 통해 협동이 곧 이익으로 이어진다는 것을 배우며 개

---

2   제2차 세계 대전 이후 일본이 쌀 생산을 조정하기 위해 취한 정책. 기본적으로는 쌀 생산을 억제하기 위한 정책이었고 구체적인 방법으로는 쌀 경작 면적을 줄일 것을 요구하여 '감반'이라는 이름이 붙었다.(옮긴이)

3   楠本雅弘,《進化する集落営農》, 農山漁村文化協会, 2010.

4   졸고 〈地域づくりと直売所〉,《農業·農協問題研究》제40호, 2009.

별 출하자 사이에서 횡행했던 '판매장 차지하기'나 '출하 상품 비방하기' 같은 판매 경쟁이 판매 협동으로 전환되는 사례가 나타났다.[5]

이 조직들은 글로벌 시장의 확대 및 심화로 나타난 지역 경제의 공동화(空洞化)와 사회관계의 개별화, 고립화(무연 사회화), 지역 커뮤니티의 쇠퇴, 급속한 고령화 등을 배경으로 나타난 새로운 협동 조직이다. 여기서 말하는 협동은 오래된 공동체의 공동과는 다른, 인격적으로 자립한 근대적 개인의 결합이다. 공통된 이해를 기반으로 한 연결(어소시에이션)에서 비롯되어 개인이 서로를 인정하고 협동의 내용을 심화해 지역에서 커뮤니티 워크로서 함께 일하는 관계를 만들어 지역 커뮤니티를 보완하기 시작했다. 생협, 농협과 같은 '큰 협동'도 인격적으로 자립한 근대적인 개인의 협동이지만, 새로운 '작은 협동'은 커뮤니티 워크라는 특징을 더 강하게 가지고 있어 지역 커뮤니티 형성으로 이어진다. 그 이유는 협동이 작은 것과 관계가 있다.

2 _ 왜 작은가?

그렇다면 새로운 '작은 협동'은 왜 작은 것인가? 이는 '작은 협동'의 노동 대상이 '큰 협동'과 다르기 때문이다. 노동 대상의 차이는 협동의 범위나 규모, 협동의 특징 차를 가져온다.

첫째, 큰 협동의 대표 격인 농협의 농산물 판매와 구매 사업에서 농협 직원의 노동 내용은 상품의 판매나 구매와 관련되며, 노동 대상은 상

---

5   野田文子, 《女性の夢を実現した「からり」》 제2장, ベネット刊, 2004.

17

품과 그 상품의 판매 및 구매 시스템이다. 신용 공제 사업에서도 노동 대상은 특수한 상품으로서 화폐 또는 공제 보험 상품과 그 상품의 판매 시스템이다. 또 하나의 '큰 협동'인 생협 역시 주요 사업은 상품의 공동 구매로, 농협과 같은 형태다.

상품은 '규모의 경제'가 작동하기 쉬우며, 시장 경쟁을 배경으로 규모 확대가 추진된다. 실제로 농협과 생협은 민간 기업과의 경쟁이 격화되면서 합병을 통한 대규모화를 추진했는데, 농협에서는 1현 1농협, 생협에서는 현의 경계를 넘어선 합병이 나타났다. 농협과 생협이 '큰 협동'이 된 것은 상품을 판매하거나 구매하는 협동이었기 때문이다.

물론 농산물 판매의 적정 규모(예를 들어 산지형 농협)와 신용 사업의 적정 규모는 다르며 최근의 농협 합병은 신용 사업이 주도하고 있다.[6] 생협도 양판점과의 경쟁이 심해지자 가정 공급 사업에서 매장 사업으로 중심을 이동하였고 여기에 맞는 규모, 즉 체인 매장 사업에 필요한 경제 규모가 필요해지면서 현 경계를 넘은 생협 합병이 수도권을 중심으로 이루어지고 있다. 그뿐만이 아니라 사업 내용도 슈퍼마켓과 차이를 구별하기 어려워져 조합원의 고객화가 진행되고 있다. 세계적으로도 사업의 대규모화는 협동조합 내부의 협동이 쇠퇴함에 따라 협동조합임을 부정하는, 즉 '회사화(주식회사화)'로 이어지기 시작했다.[7]

---

6 최근에는 '농협 개혁'이라는 이름 아래 농림중앙금고 또는 신용조합연합회에게 신용 사업을 양도하라는 정부의 압박이 심해지고 있으며 신용 사업은 JA뱅크로 일원화해 통합하려 하고 있다. 이대로는 종합 농협에서 신용 사업이 없어지고, 적자 부분인 영농 지도 사업에 대한 재정적 뒷받침도 사라져, 결국엔 종합 농협이 해체되고 말 것이다. 1현 1농협 합병에는 이러한 JA뱅크화에 대한 저항의 의미도 포함되어 있다.
7 졸고 〈協同組合の「会社化」— 動向と論点〉,《協同組合研究》제24권 제2호, 2005 (졸저 《地域づくりと協同組合運動》, 大月書店, 2008).

'작은 협동'을 먼저 복지 분야에서 살펴보자. 복지는 인간을 노동 대상으로 하는 대인 서비스 노동이다. 예를 들어 돌봄과 케어를 중심으로 가사를 지원하는 노동을 케어 워크라고 한다면 돌봄은 분명히 인간을 직접 노동 대상으로 삼는다. 가사 지원 또한 가령 요리나 청소가 식재료나 집이라는 생활 수단을 노동 대상으로 하지만, 돌봄이 필요한 사람의 신체적, 정신적 어려움을 돕기 위한 지원이므로 케어 워크의 일환에 들어간다. 지원의 대상은 요리나 청소 그 자체가 아닌 돌봄을 필요로 하는 사람의 자립하려는 힘이며, '삶의 의지를 위한 지원'[8]이다. 케어 워크는 노인 장기 요양 보험[9](이하 장기 요양 보험) 수급자의 '살아가려는 힘' 또는 '주체의 재획득'[10]이 핵심이 된다. 주체는 지원을 필요로 하는

---

8   福田義也, 〈ケアすることは─介護労働論の基本的枠組み〉, 《ケアすること》, 岩波書店. 2008, 20p.

9   거동이 불편하거나 인지 장애 또는 신체장애로 요양 보호가 필요한 고령자를 사회 보험 시스템으로 지원하는 제도. 일본에서는 개호 보험이라고 부르며, 2000년 4월부터 실시되었다.(옮긴이)

10 "우연히 만난 노인과 직원이 여러 체험을 거쳐 '너와 나'라는 관계를 만들어 축적하는 시간과 반복되는 식사, 배뇨, 목욕과 같은 일상의 행위는 양쪽을 '세상에 하나밖에 없는 소중한 존재'로 만들어간다. 커다란 자기 단념 속에서 살아도 죽어도 상관없는 노인에게 돌봄자는 여기에 당신의 식사와, 배뇨, 목욕을 도와주는 사람이 있다는 것을 보여준다. 노인이 어떤 장애를 가지고 있어도 직원은 눈에 보이는 것들을 그 사람을 위해 준비하고 자신의 지식, 기술, 인간관을 자문하며 체험을 통해 그 노인과의 관계를 키워나가는 가운데, 당신에게 음식을 주고 싶다, 당신이 배뇨에 성공해 기쁘다, 목욕 후의 얼굴이 보고 싶다 등 노인이 살아가는 방법과 살아도 괜찮다는 것을 의식과 언어를 넘어 전달한다. '나는 보이지 않고 들리지 않아도, 손발이 움직이지 않아도, 아들의 얼굴을 기억하지 못해도, 여기에는 나의 식사, 배뇨, 입욕이 있다. 나에게는 살아갈 방법이 있다'. 노인이 이렇게 실감할 때마다 그곳에는 돌봄자라는 존재가 있다. 돌봄자가 전달하는 것은 '당신은 혼자가 아니다'라는 점이다. 살아가는 방법을 체험하고, 나는 혼자가 아니라고 실감하는 것은 살아갈 수 있다, 살아도 좋다는 노인의 주체성 재획득으로 이어진다. …자신의 주체성에서 확장된 네트워크가 곧 그 사람의 사회와 가정이 된다." "돈을 지불해도 좋다고 느끼게 하는 돌봄의 전문성 중 하나는 노인과 직원 사이에서 당신과 나라는 고유명사 관계가 합쳐져 팀(공동체)을 만들어나가는 개별 관계의 충실함이다." 高口光子, 〈介護の専門性〉, 《ケアすること》, 岩波書店 2008.

사람이며, 그것을 지원하는 노동이 케어 워크이다.

이런 주체성를 확인하는 것에서 '돌봄 노동과 돌봄 이용의 상호 작용'[11]이 시작된다. 돌봄은 '일방적인 케어'가 아니며 실제로 돌봄 이용자는 돌봄 노동자에게 많은 영향을 미친다. 상호 작용이란 '지지하고 지지 받는 관계'[12]이며, 상대방이 원하는 바를 존중하는 것이 지지하는 것이고, 그 기준은 상대방에게 달렸으며 사람다운 삶의 방식이 가능하도록 도와주는 것이 케어 워크이다. 그런 의미에서 케어 워크는 분명한 '대인격 노동'[13]이며 요양 급여 수급자라는 주체로부터 확장되는 네트워크로서 '개별 관계의 충실함'을 가져오는 '고유명사 관계가 합쳐진 팀(공동체)'을 형성한다.

케어 워크는 인간의 단 한 번뿐인 생의 개별화 및 독립성과 맞닿아 있으면서, 요양 급여 수급자나 돌봄 노동자들 사이의 협력 관계를 통해 지역에 협동=공동체를 그물망처럼 만들어간다. 이 관계망은 곧 수급자 자신의 사회가 되고, 가정이 된다. 이렇게 '고유명사의 관계'가 존중받는 협동은 범위나 규모가 작아질 수밖에 없다.

이렇듯 케어 워크는 노동 과정에서 수급자와 케어 워크 노동자가 협동하는 관계로 협동을 축적하는 특징을 지니고 있다. 그러나 돌봄의 제공이 상품화, 사업화되고, 정부 기관 산하에서 이루어지면 케어 워크의 관계 축적 기능은 후퇴하기 마련이다. 왜냐하면 상품 교환은 상품에 관심이 있는 사람 사이에서 맺는 사회 관계로, 상품을 사고 팔 뿐이라

---

11   福田義也, 앞의 논문, 27p.

12   朝倉美江,《生活福祉と生活協同組合福祉―福祉NPOの可能性》, 同時代社, 2002, 71p.

13   石田一紀,《介護労働の本質と働きがい》, 萌文社, 2015, 본서의 제2장 4번 각주 참조.

생각하면 서로의 인격에 무관심해도 상관없고, 깊은 관계를 맺을 필요
가 없기 때문이다. 시장 거래를 대체하는 산지 직거래 제휴에서 '얼굴과
생활이 보이는 관계'를 중시하는 이유 또한 상품 교환이 관계를 단절시
키는 탓이다. 정부 기관 산하에서 이루어지는 케어 워크가 관계 축적 기
능을 후퇴시키는 것은 장기 요양 보험 제도를 통해 알 수 있다. 국가 기
관을 통해 제공되는 돌봄 노동은 사전에 획일적으로 정해져 있고, 그 범
위에서 벗어나는 지원은 제한되어 제도적으로나 재정적으로나 돌봄 대
상자의 개별성과 독자성, 한 번뿐인 삶에 대한 배려가 도려내져 있기 때
문이다. 이는 곧 돌봄 노동의 상호 작용성이 제한되어 '상대를 생각하는
마음'에서 비롯되는 돌봄 일체가 상황에 따라 유연해지기 어렵다는 뜻
이다.

　다음으로 농업 생산 분야의 협동에 대해 살펴보자. 생산 협동은 농
지 이용권 설정을 통한 농지의 집적과 법인의 기계 소유에 근거하는 기
계 작업과 논두렁 풀베기, 물 관리 작업의 분업으로 이루어진 협업의 조
직화이다. 농업의 노동 대상은 식물, 동물과 같은 생물이며, 성장을 관
리하는 과정은 자연과 격리된 공업과 달리, 풍토 즉 기후나 토양과 관련
이 깊다. 토양 만들기나 물 관리가 농업 생산을 좌우한다. 생물과 자연
을 상대하는 농업 생산은 규모의 논리가 작동하기 어렵다. 밭농사 중심
의 서구와 달리 논농사가 중심인 일본은 물줄기를 따라 물 관리 공동체
가 아직 남아 있다.

　생산 협동 중 농지 집적 측면에서는 영세한 농가가 경작하는 농지
가 여기저기 흩어져 있는 경우가 많아 한계가 있다. 참고로 집락형 농업
생산 법인이 많은 히로시마현의 경우, 2011년 경영 면적별 법인 수는
30ha 이하가 총 204개 법인 중 73%, 구성 농가 수별 법인 수는 30호 이

하가 57%로[14] 1~3개 집락 규모의 법인이 다수를 차지하고 있다. 법인 의 규모가 커지면, 구성 농가의 법인 참여 의식이 옅어지고 법인 임원에 게 맡기려는 경향이 강해지므로[15] 히로시마현에서는 법인 간 합병보다 법인 연합이 많다. 법인 규모는 농업 생산뿐만 아니라 마을 만들기 범위 와도 관련이 많다.

직매장은 농산물의 판매 협동으로 최근 크게 규모를 키워가는 직 매장도 등장했지만, 대체로 규모가 작다. 시장 출하형 농협의 공동 판매 와 달리 직매장 출하자는 고령자가 다수이며 직매형의 보완적인 출하 형태이기 때문이다. 고령 출하자가 많아서 자급자족용 채소 재배의 연 장선으로 출하하는 경우가 많고, 출하 규모도 대체로 작으며 출하 품목 도 다양하다. 직매형은 시장 출하와 같이 로트(Lot)로 출하할 필요가 없 고, 소량 다품종의 채소, 모양이 통일되지 않은 비규격 품종의 출하 또 한 가능하다. 이런 직매장에서는 고령 출하자 사이에 교류나 농업 지도 가 이루어지거나, 집에만 틀어박혀 지내기 쉬운 고령자들에게 소비자 들과 만날 수 있는 장소가 된다. 동시에 판매를 통해 발생하는 약간의 수입은 고령자들의 생활에 활력이 되기도 한다. 글로벌 시장 단계에 들 어선 현재 직매장은 기존의 시장 출하형 농협 공동 판매와 비교해 새로 운 '작은 협동' 중 하나라 할 수 있다.

집약 농업이 법인화를 추진한 것은 생산자의 고령화로 인해 농지 와 마을 유지가 어려워졌기 때문이다. 직매장의 확대도 고령화를 배경

---

14 《広島県集落法人大会》, 広島県, 2011. 2.
15 田中, 吉弘昌昭, 〈集落営農の規模と構成員の意識—広島県の3つの集落営農法人アンケ ート結果から—〉,《広島大学農業水産経済研究》No. 14, 2014.

으로 하고 있어, 복지 분야뿐만 아니라 농업 분야에서 나타나는 새로운
'작은 협동' 역시 고령화의 영향을 받은 것이다.

3 _ '작은 협동'의 시대 : '작은 협동'의 역사성

위와 같이 '작은 협동'이 나타난 것은 1990년대 전후로 고령화, 개별화
및 고독화, 글로벌화라는 세 가지 요인이 확대된 것과 관련이 깊다.

　　우선, 고령화와 관련해서 일본 사회는 인구 구조의 변화로 고령자
가 인구의 많은 부분을 차지하는, 인류 역사상 전례가 없었던 상황이다.
일본의 고령화율은 26.7%(2015년)로 이미 인구의 4분의 1이 고령자이
며, 앞으로 고령화는 더욱 진행될 것으로 보인다.

　　애초에 고령기란 성장기, 생식기에 이어 생식을 마친 후인 후생식
기에 해당하는데,《포스트 자본주의》의 저자이자 지바대학 법정경학부
의 교수이기도 한 히로이 요시노리(広井良典) 씨는 "후생식기가 눈에 띄
게 긴 점이야말로 생물로서의 사람의 특징"이라 말한 바 있다. 히로이
씨는 또한 "고령화 사회란 인간 역사 진화의 귀결로서 '후생식기가 보
편화되는 사회'"이며 "이는 말 그대로 두드러지게 '인간적'인 사회, 혹
은 인간이 본디 가지고 있는 가능성이 진정으로 '발견'되는 사회이며,
인류사, 아니 생명사로 볼 때 도달점의 단계로 파악해야 할 사회"[16]라고
논한다. 더 나아가 그는 "후생식기(노년기)에는 생물로서 인간의 생리적
기능이 '불가항력적'으로 저하되는 것 자체를 피할 수 없다. 따라서 (생

---

[16]　広井良典,《ケアを問いなおす》, ちくま新書, 1997, 110p.

략) 고령 사회란 저절로 '장애가 보편화되는 사회'이기도 하다. 이렇듯 '장애' 그리고 '돌봄'이라는 것이 고령화 사회에서는 중점적인 개념이 된다"고 논했다. 히로이 씨는 자신의 저서에서 고령자의 생리적 기능이 저하하는 것은 노인 퇴행성 질환이 증가하는 것이며, 뇌졸중, 암, 심장병 등 '만성 질환'에서 '노인 퇴행성 질환'으로 질병 구조가 전환되어 "입원 환자 중 65세 이상인 노인 환자 비율이 40%를 넘어선 1985년 전후가 이 시기에 해당한다"고 설명한다.[17]

즉, 케어와 관련된 '작은 협동'이 등장한 역사적 배경에는 고령화라는 인구 구조와 질병 구조의 전환이 있으며, 이는 1985년 전후부터 노인 환자의 증가 또는 돌봄 문제로 나타났다. 고령자가 증가하면서 사회에서 차지하는 노인 돌봄의 중요성이 높아졌고 돌봄 노동이라는 대인 사회 서비스가 산업으로서도 경제 사회 안에서 큰 위치를 차지하게 되었다. 이런 상황에서 돌봄이란 무엇인지 그 본질에 비추어 돌봄의 자세에 대한 질문을 던져볼 때다.

인구 구조의 변화와 함께 '작은 협동'이 등장한 역사적 배경으로는 시장 경제의 확대에 따른 상품화의 내포적 심화와 외연적 확대를 들 수 있다. 상품화의 내포적 심화는 상품이 생활 속으로 깊이 침투해 들어와 소비자의 내면에 깊숙이 파고들어, 소비자의 개별화와 고독화라는 결과를 낳았다. 상품화의 외연적 확대는 냉전 체제의 붕괴와 함께 시장을 지구 규모로 확대시켰다. 이 두 가지가 '작은 협동'의 역사성을 규정하고 있다.

우선, 상품화의 심화부터 살펴보면 일본은 고도 경제 성장기 이후

---

17   広井良典, 앞의 책, 107p.

상품이 생활 속으로 깊이 침투해 들어오면서 사회관계를 동반하던 행위가 상품에 자리를 내어 주고 지역과 생활의 공동, 협동이 쇠퇴하였다. 상품화가 개인의 영역까지 침투하여 가족 소비의 개별화와 더 나아가 고독화를 촉진시킨 것이 1980년대 후반부터이다. 텔레비전이나 전화의 개별화는 말할 것도 없다. 전자레인지는 1980년대부터 급속히 보급되어 지금은 보급률이 90%를 넘어섰다. 이로 인해 누구나 전자레인지로 데우기만 하면 혼자서 식사하는 것이 가능해져 식단이나 식탁도 개인으로 해체되었다. '일본형 식생활'이라는 단어는 1980년대에 등장했는데, 1990년대에 들어서면서 일본형 식생활은 해체 국면으로 들어섰고 냉동식품 등 도시락이나 간편 요리에 의존하는 일품요리형 식단이 확대되었다.[18] 생활 속으로 침투한 상품으로 인해 소비의 개인화뿐만 아니라 가족의 도움을 필요로 하는 순간도 줄어들었고 가족이 함께하는 시간도 점점 사라져갔다.

1980년대 중반부터는 '개인으로 흩어지는 것'이 사회 현상으로 부상해, 고립화나 경쟁적 인간관계가 우리들의 일상 속으로 침투해 들어오고 있다. 이는 사람과 관계 맺지 않고도 살아갈 수 있을 만큼 상품이 침투해 들어온 탓이며, 상품에 둘러싸인 개별화된 생활이 보편화되었기 때문이다. 개별화한 소비자는 상품 너머의 세계를 보지 못한다. 그 예로 식품이 생산되어 소비되기까지 그 속에서 이루어지는 노동의 연결은 상품의 판매와 구매 과정에서 단절되고, 소비자는 상품의 속성(안전성이나 내용, 가격)에는 관심을 가지지만 상품에 담겨 있는 지난 노동에

---

18 〈第4章『日本型食生活』の変貌と食卓からの共同〉 및 〈第5章『食の農からの乖離』と地産地消運動の今日的意義〉 참조, 《地域づくりと協同組合運動》, 앞의 책.

대한 생각과 내용에는 관심이 없다. 상품화된 시장 사회의 주민들은 상품을 통해서만 관계를 맺는다. 상품 교환자들 사이의 사회관계는 인격적인 관계라기보다 상품 관계이다. 상품에는 관심이 있어도 서로의 인격에는 무관심한 '개별화된 개인의 입장'이 강해져 공동이나 협동의 관계는 쇠퇴한다. 현대 소비 사회는 그야말로 상품화가 전반에 걸쳐 철저하게 침투한 시대(보편적 시장화[19])이다.

이렇듯 우리 사회는 상품의 보급으로 편리해진 반면, 인간과 관계 맺지 않아도 생활할 수 있는 사회가 되었다. 슈퍼에서도 대화 없이 장을 볼 수 있고 이웃과 정을 주고받는 일도 줄었으며 지역 커뮤니티도 쇠퇴하고 있다. NHK는 이를 '무연 사회'라고 이름 붙였다.[20]

그러나 인간은 혼자서 살 수 없으며 '돌보는 동물'[21]로서 타인을 신경 쓰고 타인을 갈구하는 욕구나 움직임도 그만큼 강해졌다. 협동이 쇠퇴하고 개인이 뿔뿔이 흩어지는 인간관계가 횡행하는 가운데서도 협동의 관계를 만들려는 욕구가 강하게 나타나고 있다.[22]

새로운 '작은 협동'의 움직임 역시 협동을 향한 강한 욕구와 무관하지 않다. 그런 의미에서 지금은 새로운 협동 운동의 시대이다. 대략적으로 말하자면 1950년대의 노동 운동 시대, 1960년대와 1970년대의 소비자 운동, 주민 운동의 시대를 거쳐 1980년대 후반 이후 현재에 이

---

19 해리 브레이버맨, 《노동과 독점자본》, 까치글방, 1998.
20 NHK 무연 사회 프로젝트, 김범수 옮김, 《무연사회》, 용오름, 2010년.
21 "우리 인간은 개인 즉, '나'라는 것과 다른 개인과의 '관계'나 사회성이라는 것을 다른 동물에게는 볼 수 없는 형태로 강하게 가지고 있다. …인간이 왜 '나'에 집착하고, 타인, 세상에 '신경을 쓰는' 동물인지는 이유가 있다. 여기서 말하는 타자와의 관계성은 바로 '돌봄'을 말한다." 広井良典, 앞의 책, 37p.
22 자세한 내용은 졸저 《協同組合の「会社化」—動向と論点》 서장에서 서술하고 있다.

르러서는 협동 운동의 시대라고 특징지을 수 있다.[23]

그런데 이러한 새로운 협동의 움직임은 지역 만들기와 연결되어 있다. 지역 만들기와 연결된 협동의 확대는 글로벌 시장 단계에 들어서면서 일어났다.

개별화와 고독화는 상품이 소비자 깊숙이 침투하여 공동, 협동의 장면을 상품이 대체하는 상품화의 내포적 심화와 관계가 있지만, 글로벌 시장화는 문자 그대로 상품화의 외연적 확대이다. 글로벌 시장에서는 상품뿐만 아니라 돈(투자), 사람, 서비스가 국경을 넘어 움직인다. 일본의 글로벌 시장화는 1985년의 '플라자 합의'로 엔고 현상이 고정된 것을 계기로 일본 기업이 해외에 진출하면서 시작되었다. 이후 미일 경제 구조 조정과 동유럽, 소련의 붕괴로 세계 경제는 시장 경제로 일원화되었고, 시장의 글로벌화 역시 전 세계로 뻗어나갔다. 일본의 WHO 가입과 식량 관리 제도에서 새로운 식량법으로 개정이 이루어지고, 미국의 쌀 수입 자유화 움직임이 나타난 것이 1995년이며, 이후 TPP, 즉 관세 철폐로 이어졌다.

글로벌 시장에 돌입한 후 특징적으로 나타나는 현상은 지역의 피폐화와 지역 만들기의 발전이다. 기업의 해외 진출로 지역 경제는 공동화되었고, 농산물 수입 확대는 농산물 가격 저하를 가져왔으며, 지방 경제의 기반인 농업이 쇠퇴하면서 농촌과 지방 도시는 피폐해지기 시작했다. 글로벌 시장의 확대로 야기된 농업의 위기는 미국이나 유럽과 같은 수출국에서는 농민 해체에 따른 이농이 '농촌 사회의 붕괴'를 가져

---

23   鈴木敏正, 〈総括—地域づくりと社会教育実践〉, 山田定市, 鈴木敏正 편, 《地域づくりと
      自己教育活動》, 筑波書房, 1992.

왔으며, 일본 등의 수입국에서는 농업의 쇠락이라는 바탕에 고령화가 더해져 마을의 기능이 쇠퇴하면서 농촌에 정착하며 살기 어려워지는 등, 어느 국가에서나 지역 문제를 발생시켰다.

이런 배경으로부터 집락형 농업 생산 법인, 직매장 등 새로운 생산과 생활의 협동이 만들어내는 지역 만들기가 시작되었다. 각 개개인의 삶에서 발생하는 문제는 개인 차원에서 시장을 통한 방법으로는 결코 해결되지 않으며, 그 문제를 지역 공통의 것으로 보고 지역의 과제로 인식하자 비로소 협동으로 해결하려는 시도가 생겨난 것이다. 삶의 여러 곤란들을 혼자만의 힘이 아닌 지역 전체가 함께 해결해야 하는 과제로 인식한 순간부터 협동의 실천이 탄생하기 시작했다.

4 _ '작은 협동'과 지역 만들기

'큰 협동조합'인 농협과 생협이 규모가 커지면서 지역에서 멀어지는 경향이 강해지는 가운데, '작은 협동'은 지역의 협동을 생산하고 지역에 협동을 축적해간다. 복지 분야에서 '작은 협동'은 쇠퇴해가는 지역 커뮤니티에 협동과 협력의 관계를 축적하고 있으며, 농촌에서의 '작은 협동'은 지역 자원을 재발견하고 활용하여 법인화를 통해 토지와 새로운 관계를 만들어내고 있다. '작은 협동'이 지역과 주민 사이의 관계를 강화하고 지역 만들기의 일환으로 전개되고 있다는 점, 바로 이것이 '작은 협동'의 역사적 의의라고 할 수 있지 않을까.

협동이란, 인격적으로 자립한 근대적 개인 즉, 역사적으로는 사적 소유가 가능해짐에 따라 등장한 사적 소유자가 맺는 자유로운 협동(선택적 협동)으로, 인격적 의존 관계를 기반으로 하는 근대 이전의 공동(共同)과 대비되는 점이 많다. 구시대의 공동은 '귀속적 공동'으로 그 안에서 개인은 자신이 속한 사회에 따라 이미 역할을 부여받았으며(역할로서의 개인), 이러한 공동은 개인이 매몰된 부정해야 할 낡은 개념이다. 그러나 협동조합이 지역에서 멀어지는 경향이 강해지는 가운데, 협동조합이 커뮤니티(공동체)를 내포한다는 의의와 협동조합이 지역에 기반한다는 것에 대해 다시 한번 생각해볼 필요가 있지 않을까. 협동조합의 구성원에게는 서로의 생활을 알 수 있는 지역적 귀속성이라는 기반이 필요한 것은 아닐까. 농협의 집락과 생협의 반으로 대표되는 이런 귀속성 기반은 양쪽 모두 지역 커뮤니티와 깊은 접점을 가진 협동조합의 기초 조직이었지만 지금은 유명무실해지고 있다.

협동조합이 지역을 기반으로 한다는 것은 '사적 소유자 간의 협동이 공동체에서 전개 가능한가?'라는 물음으로 바꿔 말할 수 있다.[24] 지금처럼 개인으로 흩어진 사회에서 공동체적인 유대가 얼마나 만들어질 수 있을까?

지금 협동조합의 현실을 보면, 협동조합의 사업은 조합원을 고객화 및 추상화하고 회사화하는 경향이 강하며, 얼굴과 생활이 보이는 관계 형성은 시장 관계로 후퇴하고 있다. 협동은 사적 이해의 일치 수준에 머물면서 협동 관계의 구체적인 모습은 후퇴하는 중이다. 협동조

---

24   사적 소유자의 사익 옹호를 위한 협동(어소시에이션)이 협동(코퍼레이션)의 조직을 동반하면서 사적소유를 대체하는 공동 소유(커뮤니티)를 실현하는 과정을 협동성의 발전 과정, 즉 '협동 축적 과정'으로 파악해, 개인의 사회적 힘의 발휘와 협동적 공공성을 실현해나가는 것에 대해서는 다음의 논문을 참고하면 좋다. 宮崎隆志, 〈地域づくりと共同労働〉, 《生活協同組合研究》, 1997. 2. 같은 저자, 〈社会教育実践の公共性—協同的公共性の視点か ら—〉, 《日本社会教育学会紀要》, No.36, 2000.

합이 시장을 내부화하고 시장 관계를 익명이 아닌 인간적 관계, 즉 협동에서 공동의 관계로 발전시켜 나가기 위해서는 협동조합이 지역과 관계를 맺는 것, 즉 '어소시에이션이 지역을 기반으로 하는 것'[25]이 필요하다.

'작은 협동'은 지역 안에서 사회관계를 풍부하게 하고, 쇠퇴한 지역 커뮤니티를 재건하는 데 기여하기 시작했다. 케어 워크에서의 관계 축적 기능은 개인에게 큰 영향을 끼친다. 이미 앞에서 다룬 바와 같이 돌봄의 대상인 개인은 건강과 자립을 요구하는 주체며, 가까이에서 지지하는 가족에 의해 보호받는다. 이를 지역의 자원봉사자나 전문가의 노동력이 지원하는 것이다. 즉, 지역에서 생활하는 개인을 주체로 중층적이고 협동적인 노동의 관계가 만들어진다는 것이 돌봄 협동의 특징이다. 판매, 구매 협동과 비교해 가사 노동을 보완하는 커뮤니티 워크를 수반한다는 점에서 좀 더 지역 밀착형이다. '고유명사 관계가 합쳐져 만드는 팀(공동체)'은 수급자와 전문가라는 일차원적인 관계(점)를 넘어, 지역을 기반으로 한 이차원적인 관계(면)로 확장되어갈 가능성이 있으며, 그 면적은 점점 넓어져 지역 커뮤니티의 재생으로 이어질 수 있다.

또한 직매장이나 집락형 농업 생산 법인에서는 지역 만들기로 전개되는 사례가 다수 발견되는데, 지역 만들기의 일환으로 '작은 협동'이 나타나고 있다. 집락형 농업 생산 법인에서는 고령 농가가 조금이라도 농업에 관여할 수 있도록 궁리 중이다. 농기계를 다룰 수 있는 일부 집단만이 지역 농업을 책임지는 것이 아니라, 고령 농가가 농업과 계속 관계를 맺을 수 있도록 최대한 노력하면서 그 주변에 자급용 밭이나 시

25   田代洋一,《農業·協同·公共性》, 筑波書房, 2008, 44p.

민 농원, 법인 고용 취농(就農)도 포함하여 다양한 사람들이 저마다의 역할을 맡아 여러 방법으로 토지와 관계를 맺어갈 수 있도록 하고 있다. 그런 연장선상에서 집락형 농업 생산 법인은 6차 산업화와 공동체 사업을 모색하는 한편, 지역 자원의 보전과 활용으로 이어지는 농업을 기초로 한 지역 만들기를 진전시키는 중이다. 이를 위해서 배타적인 사적 토지 소유 의식을 경감시키며, 지역 농업의 핵심으로서 토지와의 새로운 관계 맺기를 꾀하고 있는 것으로 추정된다.

이렇게 지역과 깊이 관계를 맺고 있는 '작은 협동'의 새로운 전개는 '큰 협동조합'인 농협이나 생협이 다시 지역에 뿌리내리는 데 귀중한 단서를 제공하고 있는 듯하다. 이 단서는 '큰 협동조합' 내부에 협동 또는 공동의 가치를 키울 씨앗이 되리라 믿는다. 구체적인 개개의 사례에 대해서는 각 장을 통해 확인해주길 바란다.

제1장

'작은 협동'으로서의 집락 영농의 실천과 농협

: 히로시마현 히가시히로시마시 농사 조합 법인 팜오다 사례

고바야시 겐

1 _ 들어가며

오늘날 일본의 농업 정책은 인정 농업자, 인정 취농자, 집락 영농을 농업의 '책임자'로 규정하고 있다. 집락 영농은 정책상 농업의 중심 주체로 주목받고 있는 동시에 대규모 농업인이 부족한 지역에서는 지역 농업을 이끌어갈 주역으로서 받는 기대 또한 크다.

이러한 정책 대응형 집락 영농은 2000년대 중반 품목 횡단적 경영 안정 정책[1]이 계기가 되어 급속하게 늘어났다. 일종의 집락 영농 붐이라고도 말할 수 있는 현상이었는데, 2013년 12월에 발표된 네 개의 농업, 농촌 정책 이후의 농업 정책을 들여다보면 그 붐이 다시 찾아올 가능성이 높다. 정책의 내용상으로는 지역 농업의 주체를 육성한다기보

---

[1] 품목별로 실시하던 경영 안정 대책을 경영 단위로 통합하여 직접 지불하는 것으로, 쌀 등 특정 품목만을 대상으로 한 특정 품목 지원 체계에서 주요 품목들의 수입 합계를 보전하는 정책.(옮긴이)

다 산업 정책의 대상 범위를 압축하는 측면이 강하기 때문이다. 즉 산
업 정책의 '주역'으로 집락 영농을 보고 있는 셈이다. 한편으로 집락 영
농의 현장을 살펴보면 단순히 정책의 수행처, 산업 정책의 주역이 아니
라 지역의 다양한 자원을 활용해 지역 만들기를 꾀하며 다채로운 실천
을 펼치고 있다. 흥미로운 점은 조건이 불리한 동일본 지역에서도 서일
본형이라고 하는 '지역 일체형 집락 영농'이나, 시마네현에서 추진되어
산업 정책과 지역 정책이 맞닿은 '지역 공헌형 집락 영농'과 매우 비슷
한 방식이 풀뿌리처럼 싹을 틔웠다는 것이다. 아무래도 지역 일체형 집
락 영농이나 지역 공헌형 집락 영농은 서일본, 동일본이라는 구분이 아
니라 지리적 조건이나 사회적 조건에 맞춰 생겨나는 듯하다. 오늘날의
집락 영농에서는 단순히 산업 정책의 주역을 맡은 데서 그치지 않고 지
역 만들기까지 염두에 둔 움직임이 전국에서 펼쳐지고 있다.

이렇게 지역 만들기까지 고려한 집락 영농(이는 지역 만들기형 집락
영농이라 할 수 있다)을 적극적으로 정의한 사람이 구스모토 마사히로(楠
本雅弘) 씨이다. 구스모토 씨는 집락 영농을 (A)지역 자원의 협동 관리
(지역 환경의 유지와 보전 및 협동), (B)지역 매니지먼트(생산 협동), (C)지역
재생(생활의 협동)의 '유기적 복합체'로 보고 새로운 '사회적 협동 경영
체'로 정의했다.[2]

이번 장은 전국으로 확대되고 있는 집락 영농을 대상으로, 특히 지
역 농민이 집락 영농에 참가하는 노동 형태, 즉 집락 영농에 관계하는

2   楠本雅弘,《進化する集落営農》, 農山漁村文化協会, 2010, 33~52p.
3   橋詰登,〈2010年農業センサス(概数値)にみる構造変化の特徴と地域性〉,《農村と都市
     をむすぶ》, 農村と都市をむすぶ編集部, 2011. 3, 5~6p.

방식에 초점을 맞춰 '작은 협동'의 내실을 밝히는 것을 목적으로 한다. 동시에 집락 영농이 '작은 협동'이라면 '큰 협동'인 기존의 농업협동조합(이하 농협)과의 관련 구조는 어떠해야 하는지를 구체적인 사례를 가지고 검토해보고자 한다. 제2절에서는 집락 영농의 역사적인 전개 과정을 살펴보면서 오늘날의 특징을 명확히 하고자 한다. 제3절에서는 히로시마현 히가시히로시마시에 있는 농사 조합 법인 팜오다(ファームおだ, 이하 팜오다)의 사례를 분석하면서 노동 참가 방식을 살펴보기로 하겠다. 제4절에서는 '작은 협동'인 집락 영농과 농협의 관계를 짚어보기로 한다. 집락 영농과 농협의 관련 구조는 향후 농협의 존재 방식과도 크게 관련이 있기 때문이다.

2 _ 정책적으로 추진되는 집락 영농의 조직화와 법인화

집락 농업을 추진한 이유

2005년 집락 영농 실태 조사가 파악한 집락 영농 수는 약 1만 개였는데 2015년 기준 1만 5,000개까지 증가했다. 도표1은 설립 연차별로 집락 영농 수를 나타낸 것인데 2004년부터 2008년 사이에 눈에 띄게 증가한 것을 알 수 있다. 집락 영농이 급속히 증가한 2010년의 농림업 센서스와 집락 영농 실태 조사를 토대로 집락 영농의 증가 실태를 살펴보았다.

　2010년 농림업 센서스는 일본 농업이 크게 변화하고 있음을 보여준다. 하시즈메 노보루(橋詰登) 씨는 ①판매 농가가 감소하고 토지를 소유한 비농가가 증가했고, ②판매 농가의 농업 취업 인구가 감소했으며, ③경작 농지 면적이 미세하게 감소했다고 분석했다.[3] 정리하자면 판매

도표1   연대별 집락영농 설립 수

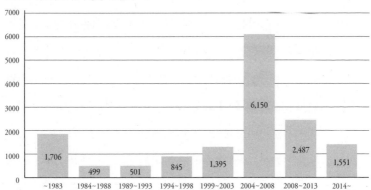

농림수산성 2015년《집락 농업 실태 조사》결과로부터 직접 작성했다.

농가와 농업 취업 인구가 감소한 데 비해 토지를 소유한 비농가가 증가했고, 경작 농지 면적은 현상 유지를 하고 있음을 알 수 있다. 농림업 센서스만 가지고 분석하면 구조 정책, 즉 대규모 농업 경영체가 농지를 집적하고 있음을 알 수 있다. 지역별로 보면 판매 농가의 감소가 도호쿠(▲12.3%), 호쿠리쿠(▲17.1%), 기타큐슈(▲15.0%)에서 전국 평균치(▲11.2%)를 넘어섰다. 자급 농가는 도호쿠(26.6%), 호쿠리쿠(22.7%)가 눈에 띄게 증가한 것을 확인할 수 있었다. 이러한 동향에 대해 하시즈메 씨는 2005년 이후 급증한 집락 영농과의 관계성을 지적하고 있다.

계속해서 집락 영농 실태 조사에서 2005년과 2010년 사이의 집락 영농의 변화를 비교해보자. 먼저 집락 영농 수가 현저하게 증가한 지역은 도호쿠(증가율 84.5%), 간토 및 히가시야마(102.2%), 시코쿠(95.9%), 규슈 및 오키나와(65.6%)이다. 농지 집적 현황을 경작 농지 면적과 경작 수탁 면적을 합한 증감률을 토대로 살펴보면 도호쿠(122.0%), 간토 및 히가시야마(135.0%), 시코쿠(90.8%), 규슈 및 오키나와(96.8%)로 나타났다.

즉, 도호쿠와 간토, 히가시야마, 시코쿠, 규슈, 오키나와는 2005년
부터 2010년 사이에 집락 영농 수와 집적 면적이 크게 증가했다. 이에
비해 2005년 이전부터 집락 영농이 활발했던 호쿠리쿠, 도카이, 긴키,
주고쿠에서는 2005년에서 2010년 사이의 집락 영농 증가율과 집적 면
적 증가율이 낮다.

위의 내용을 토대로 2005년부터 집락 영농이 급격히 늘어난 '집락
영농 후발 지역'(도호쿠, 간토, 히가시야마, 시코쿠, 규슈, 오키나와)[4]과 이전부
터 집락 영농이 활발했던 '집락 영농 선행 지역'(호쿠리쿠, 도카이, 긴키, 주
고쿠)의 두 가지 유형으로 나눌 수 있다. '집락 영농 후발 지역'에서 집락
영농이 급증한 것은 품목 횡단적 경영안정 대책과 이후의 경영 소득 안
정 대책의 영향이 크다. 면적 집적을 요건으로 했기 때문에 정책에 대응
하여 집락 영농 설립이 급속하게 일어난 것이다. 각 집락 영농의 성격은
'복수 공동 회계(枝番方式)'[5]라는 생산 과정에서 협업이 적은 정책 대응
형부터 일부 구성 농가만 이용권 설정을 하는 농업 후계자 부족의 농지
대응형 등으로 다양했다.[6]

위의 두 유형을 토대로 경작 농지 면적과 농업 수탁 면적의 증가를

4　규슈에서는 사가현처럼 집락 영농이 일찍부터 발전한 지역도 있지만, 통계상 지역 전체는
집락 농업 후발지역으로 정리했다. 사가현의 사례처럼 현마다 그리고 현 내의 지역마다 특
징이 있다는 점을 알아주기 바란다.

5　경리를 일원화해서 관리하는 것으로, 판매 및 구매는 조직이나 법인이 하나의 장부로 관리
하나 실제로는 구성원마다 번호를 매겨 생산물의 판매 금액을 구성원별로 관리하는 집락
영농을 말한다.(옮긴이)

6　'복수 공동 회계'를 포함한 도호쿠 지역의 집락 영농 실태에 대해 정리한 자료가 몇 가지
있는데, 그중 마에야마 가오루(前山薫) 씨의 저술이 참고할 만하다. 前山薫, 〈岩手県にお
ける集落営農組織の展開方向・支援方策〉, 《集落営業組織の現状と展開方向》, 第43回
東北農業経済学会岩手大会報告書, 2008, 2~3p.

살펴보자. 도호쿠와 간토, 히가시야마 그리고 시코쿠에서는 경작 농지
면적과 농업 수탁 면적이 함께 증가했다. 그에 비해 호쿠리쿠, 도카이,
긴키, 규슈에서는 경작 농지 면적은 증가했지만, 농업 수탁 면적은 감
소했다. 즉, 도호쿠와 간토, 히가시야마 그리고 시코쿠는 이용권 설정과
작업 수위탁이 나란히 진행하는 구조이며, 호쿠리쿠, 도카이, 긴키, 규
슈는 작업 수위탁 단계에서 이용권 설정 단계로 이행하는 지역성을 보
인다. 앞의 두 유형을 함께 검토하면 '집락 영농 후발 지역'은 이용권 설
정과 작업 수위탁의 병행 구조, '집락 영농 선행 지역'은 작업 수위탁 단
계에서 이용권 설정 단계로 이행하고 있다고 정리할 수 있다. 단, 증가
추세인 집락 영농에도 상당한 다양성이 존재한다.

역사를 통해 보는 오늘날 집락 영농의 특징

집락 영농의 역사를 조금 거슬러 살펴보기로 하자. 논을 대상으로 한 집
락 영농은 1960년대 노동력의 상호 보완을 목적으로 한 노동력 결합,
1970년대 중형 기계화 체계의 보급에 따른 기계화 결합(농업 기계의 공동
구입, 공동 이용), 1980년대의 생산 조정에 대한 대응으로 나타난 전작 결
합(블록 로테이션[7]이나 전작 기계 공동 이용 등)으로 단계를 나눌 수 있다.[8]

　　대표적으로는 지역 농업 집단이나 영농 집단 조합이 있다. 구체적

[7]　쌀 재배 농지를 다른 작물로 전작하는 것을 집단으로 시행하는 방식이다. 전작을 지역 농
　　가 전체의 과제로 삼아 농지를 몇 개의 블록으로 나누어 매년 전작하는 블록을 바꾼다.(옮
　　긴이)
[8]　일본 농업의 집단적 대응에 대한 역사적 흐름은 이소베 도시히코(磯辺俊彦) 씨의 가설
　　을 기반으로 많은 부분이 정리되어왔다. 이 장에서는 고바야시 쓰네오(小林恒夫) 씨의 논
　　고를 참고로 했다. 磯辺俊彦, 〈土地所有転換の課題―集団的土地利用秩序の問題構造〉,
　　《農業経済研究》제52권 제2호, 1980, 52~59p. 小林恒夫, 〈営農集団の展開と構造〉,《私
　　立名寄短期大学紀要》제23권, 1991, 3~27p.

인 협업 방식은 논의만을 위한 조직부터 기계 공동 이용 조직, 전작 결합을 통한 집단적인 토지 이용까지 다양한 조직 형태가 존재했다. 또한, 협업 방식으로 보면 조직의 성격이 농가를 보완하는 작업 수위탁 단계가 일반적이었는데, 임의 조직이었던 탓에 내부 유보가 불가능해 기계 교체나 정책 전환 등을 계기로 '만들고 해산하는' 일이 반복되어 역사적으로는 과도기적 형태였다고 할 수 있다.

1990년대에 들어서면서 지역성이 더 분명하게 드러나기 시작했다. 고령화, 과소화가 심각한 주고쿠 산간 지역에서는 인력 부족에 대응한 집락 영농과 법인화가 나타났다. 고령화와 과소화의 진행으로 중간 관리 작업이나 농지 주변 관리 작업조차 어려운 농가가 속출했기 때문이다. 특히 가장 큰 장벽은 논둑 관리 작업이었다. 경사가 심한 계단식 논이 많은 지역에서는 논둑 관리가 힘든 중노동이었다.

그러나 중간 관리 작업이나 농지 주변 관리 작업이 어려워진 농가를 지원해줄 조직이 부족했다. 일단 대규모 농가가 적었고 두 번째로 지역 농업 집단, 영농 집단 조합이 임의 조직이었기에 이용권 설정이 불가능했던 것이 요인이었다. 이러한 농지를 지원할 조직으로 1990년대 당시 기대를 모았던 지역 농업 조직이 시정촌[9] 농업 공사였다. 그러나 시정촌 농업 공사에 집적된 농지는 연반성(連反性)이 낮은 분산형 농지로 비교적 농지로서의 조건이 열악한 곳이 많았다. 따라서 노동 생산성은 낮고 경영 측면에서도 어려운 상황이었다. 1999년도부터 정부 주도로 진행된 기초 자치 단체의 대합병 이후 시정촌 농업 공사는 감소 추세로 돌아섰다.

9　일본의 기초 자치 단체의 총칭.(옮긴이)

일손 부족 대책으로 주목을 받은 것이 집락 영농의 법인화, 즉 집락
형 농업 생산 법인(이하 집락 법인)이다. 집락 법인은 사적 토지 소유에 기
초하여 이용권 설정을 통해 농지를 집적하여 농업 생산을 하는 조직이
다. 핵심은 이용권 설정이며, 주고쿠 산간 지역의 집락 영농은 1990년
대 이후 작업 수위탁 단계에서 이용권 설정 단계로 점차 방향을 틀어
갔다.[10]

물론 오늘날 전국적으로 확대된 집락 영농은 지역에 따라 다양한
모습을 보이고 있어 주고쿠 중산간 지역의 동향이 전국의 동향을 상징
하지는 않는다. 그 예로 도호쿠 지방에서는 정책에 대응한 '복수 공동
회계형' 집락 영농이 급증하고 있다. 또한 사가현이나 시가현처럼 전작
결합을 축으로 해 합리적인 지역 농업을 재편하는 곳도 있다.[11] 역사적
으로 나가노현이나 지역의 '미야다 방식'[12] 등 지대 구성에 따른 다양한
모습이 나타나는 것도 오늘날 집락 영농의 큰 특징이다.

한편, 집락 영농 선행 지역에서도 작업 수위탁 단계에서 이용권 설
정 단계로 이행하는 모습을 볼 수 있다. 집락 영농의 오늘날 특징 중 하

10 오늘날의 집락 영농이 작업 수위탁 단계에서 이용권 설정 단계로 이행되고 있다고 최초
    로 지적한 사람은 히로시마현의 사례를 분석한 다시로 요이치(田代洋一) 씨이다. 다시로
    씨의 원문에서는 "작업 수위탁에서 임지 대차로 이행하고 있다"고 설명했다. 田代洋一, 〈
    集落営業と個別経営の連携型法人化〉, 田代洋一 편, 《日本農業の主体形成》, 筑波書房,
    2004, 309p.

11 사가현 등, 전작 결합의 도입을 출발점으로 하여 오늘날의 집락 영농 발전 단계를 정리
    한 최근의 연구로는 시나가와 유우(品川優)의 저술에 자세하게 나와 있다. 品川優, 〈担い
    手形成の現段階と農政検証〉, 磯田宏, 品川優 공저, 《政権交代と水田農業》, 筑波書房,
    2011, 219~222p.

12 '미야다 방식'을 포함하여 나가노현이나 지역에서 행해진 집락 영농 실천에 관한 최근의
    연구 성과는 야마자키 료이치(山崎亮一) 씨의 저술에 상세히 나와 있다. 山崎亮一, 〈長野
    県宮田方式における農地規模別農家構成の変化と集団耕作組合〉, 星勉 편저, 《柔らか
    いコモンズによる持続型社会の構築》, 農林統計協会, 2011, 81~87p.

나는 이용권 설정 단계라는 것으로, 농가를 보완하는 임의 조직에서 법인 조직으로 변화하고 있다는 점이다. 이런 변화는 정책 대상으로써 '주역'으로 규정된 오늘날 집락 영농의 '정책적' 특징이기도 하다.

새로운 농업 행정 속에서 늘어나는 집락 영농

2013년 12월 새로운 농업, 농촌 정책이 발표되었다. 쌀 정책 재검토에서 꼭 짚어봐야 할 것이 '농림 수산업 및 지역 활력 창조 플랜'(이하 플랜)이다. 이 플랜은 아베 정권의 빅 픽처이며, 쌀 정책 개정의 '수치 목표'이기 때문이다.

플랜에서 제시한 수치 목표 중 ①농업 생산자의 농지 이용률이 전체 농지의 80%를 차지하는 농업 구조의 확립과 ②농업 생산자의 쌀 생산 비용을 현재 전국 평균 대비 40%로 줄인다는 두 가지 사항에 주목해보자. 전자는 농지 중간 관리 사업을 동력으로 집락 영농의 조직화를 평지든 중산간 지역이든 가리지 않고 실행한다는 것이고, 후자 또한 집락 영농의 조직화에 따른 생산의 효율화로, 특히 조건 불리 지역이 많은 중산간 지역에서 진행한다는 것이다.

이런 연유 탓에 정책적으로는 집락 영농의 법인화를 요구하고 있다. 2017년 도입이 결정된 수입 보험 제도에서는 녹색신고[13]가 가입 조건으로, 소규모 영세 겸업농가나 고령 농가도 수입 보험 제도에 가입하기 위해서는 녹색신고를 해야 한다. 현실적으로 소규모 영세 농가가 녹색신고를 하기란 어렵다. 기계 교체나, 고령화 등을 이유로 소규모 영세

---

13 청색신고라고도 하며, 일정한 장부를 갖추어 매일 거래 내역을 기록하고 이에 근거한 연말 정산을 통해 세금 혜택을 받을 수 있는 제도이다. (옮긴이)

농가에서 실제 종사자에게 농지를 맡기는 일은 많아지기 마련인데, 이
럴 때 대규모 농가가 없는 지역에서는 집락 영농의 설립이 필수 불가결
해진다. 동시에 수입 보험 제도에 가입하기 위해 녹색신고가 필요함에
따라 집락 영농의 법인화는 더욱 박차가 가해졌다. 그뿐만 아니라 경영
소득 안정 대책에는 집락 영농이 5년 이내에 법인화를 해야 한다는 요
건도 포함되어 있어 그동안 차일피일 미루어졌던 집락 영농의 법인화
가 드디어 정책적으로 요구되었다.

물론 개별 대규모 농가 육성도 지역 농업에서 중요하지만, 조건
불리 농지의 중간 관리 작업이나 농지 주변 관리 작업에는 집락의 공
동 작업이 필수적이다. 그래서 중산간 지역 등 직접 지불 제도[14]와 새
롭게 마련된 일본형 직접 지불 제도가 존재하는 것이며, 제도와 지역
농업을 연결하는 조직으로 집락 농업의 육성이 추진되고 있다. 특히
중산간 지역에서는 지역 농업의 추진 조직이 곧 집락 영농의 설립과
법인화로 이어져 그 수가 증가할 것으로 보이며 실제로 몇몇 광역 자
치 단체도 온도 차는 있지만 집락 영농의 설립과 법인화의 움직임이
본격화되고 있다.

3 _ 노동 참가 방식으로 본 '작은 협동'으로서의 집락 영농

집락 영농의 생산 과정과 노동 참가 방식

---

14   농업 생산 조건이 불리한 지역에 농업 생산 활동을 유지하기 위해 국가 및 지자체가 지원
     하는 제도를 말한다.(옮긴이)

이쯤에서 이용권 설정 단계인 집락 영농의 생산 과정과 노동 참가 방식을 간단하게 정리해보자. 이용권 설정 단계의 집락 영농 사례로 히로시마현에 있는 집락 법인을 이야기해보고자 한다. 히로시마현의 많은 집락 법인은 '지역 일체형'으로 불리는데, 지역의 과반수가 구성원이며 농지를 집적해 가능한 많은 구성원이 생산 과정에 참여하는 것을 목적으로 한다. 생산 과정은 봄철의 경운, 써레질, 모내기나 가을철의 수확, 건조와 같은 기간 작업을 비롯해 물 관리와 비배 관리인 중간 관리 작업, 논둑 관리와 수로 관리 같은 농지 주변 관리로 이루어져 있다.

기계화된 기간 작업은 여러 명의 오퍼레이터(이하 OP)가 집중적으로 수행한다. OP는 50세 이상을 중심으로 수 명에서 수십 명으로 구성된다. 이를 위한 보조 작업에는 고령자나 여성의 참가도 찾아볼 수 있다. 중간 관리 작업은 구성원인 토지 소유권자에게 재위탁하는 사례와 소유권과 상관없이 구성원에게 재위탁하는 사례, 또는 OP 등 중심 작업 집단에게 일괄 재위탁하는 사례가 있다. 조방농업 관리는 구성원인 토지 소유권자에게 재위탁하는 사례가 많다.

위와 같이 이용권 설정 단계의 집락 영농에서는 기간 작업은 OP로 대표되는 중심 작업 집단이, 중간 관리 작업이나 농지 주변 관리 작업은 토지 소유권자가 맡는 분업이 이루어진다. 각 작업에 필요한 기술적인 수준에 맞춰 지역의 노동력을 재편성한다는 점을 주목할 만하다. 쉽게 말하면 청장년층은 OP로서 기간 작업을 맡고, 여성이나 고령자는 각자의 여건에 맞춰 보조 작업이나 중간 관리 작업을 수행한다. 이렇게 능력에 맞춰 노동에 참여할 수 있도록 기회를 제공하여 지역이 하나가 된 노동 참가 방식이야말로 '지역 일체형' 집락 법인의 특징이라 할 수 있

다.[15] 그리고 이러한 '지역 일체형' 집락 법인의 노동 형태에 '작은 협동'
의 핵심 가치가 내포되어 있는 셈이다. 그렇다면 집락 법인에서 이루어
진 '작은 협동'의 내막을 살펴보자.

지금까지의 유축 복합형 및 사토야마[16] 등 농지 주변 관리와 유기
적으로 결합하여 이루어졌던 주고쿠 중산간 지역의 농업 경영은 기본
법 농정 이후 쌀 단일 경작 경향이 강해지는 가운데, 기계화 및 화학화
가 확대되면서 개별 농가가 모든 것을 스스로 책임지는 형태를 추구했
다. 1980년대 이후 생산 조정은 지역의 협업을 촉진했지만, 이는 어디
까지나 개별 농가를 보완하는 관계로, 대략 물 관리 이외에는 개별 농가
가 개별 소유 농지를 관리하는 방식으로 지역 자원 전체의 관리가 이루
어졌다.

그러나 1990년대 이후 농업 노동력의 고령화로 특히 논둑 관리 작
업이 어려워지면서 직접 중간 관리 작업이나 농지 주변 관리 작업을 해
나갈 수 없는 농가가 나타나 이용권 설정의 필요성이 생겨났다. 동시에
시장의 글로벌화로 쌀 가격은 점점 하락세를 피할 수 없었다. 생산 비용
의 절감 요구가 높아지면서 소규모 영세 농가 단독으로 모든 것을 책임
지기란 어려운 일이었다. 조류로 인한 피해나 경작 포기지 문제가 심각
해지면서, 자기 소유의 농지와 지역 농지를 유지 관리하는 것이 농민 전
체의 과제가 되었고, 이러한 과제를 각 마을과 지역에서 공유하고 해결

15   히로시마현의 '지역 일체형' 집락 법인의 노동 참가 방식에 대해서는 졸저를 참고하길 바
     란다. 졸저, 〈集落型農業生産法人の組織的性格と課題〉, 《日本の農業―あすへの歩み―》
     제204집, 一般財団法人農政調査委員会, 2007.
16   마을 산이라는 뜻으로 지역 사람들의 생활과 밀접한 산.(옮긴이)
17   楠本雅弘, 앞의 책, 194~207p.

하기 위해 집락 영농의 조직화, 그리고 이용권 설정에 따른 법인화가 추진되었다.

법인화에 따라 노동 참가 방식은 각 작업에서 필요한 능력에 맞춘 분업화로 재편되었다. 또한, 중간 관리 작업은 각자의 소유 농지와 상관없이 분담하는 사례도 늘어나 자기 소유지만의 관리 노동이 아니라 지역 자원의 관리 노동으로 변화했다. 이러한 노동 참가 방식을 취하는 '지역 일체형'의 집락 법인은 협동 조직의 성격을 가진 '작은 협동'으로 볼 수 있다. 지금부터는 생산 협동으로서의 '작은 협동' 사례로 히로시마현 히가시히로시마 오다 지구의 실천을 살펴보기로 하자.

팜오다의 현황과 특징

히가시히로시마시 오다 지구는 합병 전 고치초의 동북 지역 끝자락에 위치한 마을로 초등학교 통학 구역 정도의 규모이다. 1980년대까지는 재택 겸업농가도 많았으나 히가시히로시마시가 개발되면서 젊은 층이 도시로 빠져나갔다. 2010년 기준 가구 수는 233가구, 인구는 600명이다. 오다 지구의 논 면적은 118ha, 1가구당 평균 72a로 주고쿠 중산간 지역의 특징인 영세규모 농가가 많다. 농지는 해발 265~300m 지역에 있으며, 동서로 흐르는 오다강을 끼고 울타리 모양으로 농지가 펼쳐져 있다. 산기슭은 경사가 심해 조건이 불리한 농지가 많다. 농지 정비는 1987년에 끝났지만, 일부는 아직 정비되지 않은 채 남아 있다. 오다 지구는 1조에서 12조까지 13개 행정 구역으로 구성된다(그중 6조는 6조와 상6조로 나뉘어져 총 13개가 된다).

오다 지구 사례는 구스모토 마사히로(楠本雅弘) 씨가 '새로운 2층 건물형 집락 법인 방식'으로 명명한 바와 같이[17] 1층에는 지역 자치 조

도표2   오다 지구의 2층 건물형 집락 영농, 지역 만들기의 체제

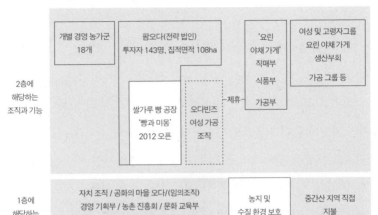

* 요시히로 마사아키 〈집락 농장형 농업 생산 법인의 전개와 조직원 의식에 대한 연구〉, 히로
시마대학원 생물과학연구과 석사 논문, 2012년, 43쪽, 도표 3 – 6을 발췌해 만들었다. 본 틀
은 구스모토 마사히로 씨가 작성한 자료를 참조했다.

직인 '공화의 마을 오다'가, 2층에는 집락 법인 팜오다와 직매 시설, 쌀
가루 빵을 제조하고 판매하는 '빵과 미몽', 여성 가공 조직이 위치한다
(도표2 참조).

　팜오다는 많이 소개되었기 때문에 여기서는 현황과 특징만 살펴보
기로 하겠다.[18] 2015년 팜오다는 출자자가 지역 주민의 95%인 154명
이며, 집적 면적은 103ha, 경영 면적은 86ha이다. 지대는 10a당 만 엔
이고, 농지 주변 관리 비용은 만 엔, 물 관리 비용은 이천 엔이다. 오다
지구 미가입 농가로부터는 10a당 30kg의 소작료를 받아 기간 작업을

18　팜오다에 관해 특히 상세히 정리된 자료로는 앞서 소개한 楠本雅弘의 저서 194~207쪽과
　　田中秀樹, 〈農民的蓄積と農協〉, 《北海道大学大学院教育学研究院紀要》, 2012 등이 있다.

해주고 있다. 2015년에는 주식용 쌀과 찹쌀 50ha, 대두 18.3ha, 메밀 2.7ha, 밀 8.5ha, 쌀가루용 쌀과 사료용 쌀 9.1ha, 술용 쌀 4.0ha를 생산했다. 설립 이래 논의 지력(地力) 향상에 힘을 쏟아왔고, 히로시마현의 축산 농가와는 연계를 맺어 퇴비를 계속 투입하여 주식용 쌀 수확량은 계속 늘고 있는 추세다. 새로운 기술 도입에도 적극적이어서 논둑 제초 로봇을 시험적으로 도입하거나 태양광 패널 기능을 가진 논둑용 시트를 도입하는 등 다양한 실험을 계속하고 있다. 또한, 농촌 고용 사업을 활용하여 젊은 노동력을 고용하는 데도 적극적이다. 2011년부터는 채소 생산을 시작하여 연중 사람을 채용하고 있다.

팜오다의 특징은 다음 세 가지로 정리할 수 있다.

첫 번째는 집락 법인의 구조와 기능을 '새로운 2층 건물형 집락 법인 방식'으로 짰다는 것이다. 건물을 예로 들었을 때 그 근간에 해당하는 1층에 지역 자치 조직을 두고 그 위인 2층에 집락 법인을 축으로 지역 농업과 관련된 조직이 놓이는 구조다. 1층에 해당되는 조직의 역할과 기능은 '마을 사무소'이며 2층에 해당되는 조직은 '미니 농협'으로 규정하여, 지역 만들기 조직으로서의 종합성을 보인다.[19] 두 번째는 집락 영농의 발전 방향으로 다업화를 꾀하고 있다는 점이다. 경종과 축산의 연계는 물론이거니와 쌀가루 빵의 제조, 판매 등 정책 지원을 활용한 쌀의 신규 수요 개발, 젊은 노동력 고용을 통한 원예 품목의 다각화나, 정부 및 지자체의 보조 사업을 활용해 신기술을 도입하는 등, 다양한 방법으로 발전을 이루고 있다는 평가가 가능하다. 동시에 지역 여성 가공

---

19   지역 자치 조직인 '공화의 마을 오다'를 중심으로 한 지역 만들기의 경위와 개요에 대해서는 졸저〈広域的な地域運営組織の協同組織的性格の検討〉,《協同組合研究》제33권 제2호, 2014, 16~22p 참조.

조직과의 연계나 지역의 대규모 인정 농업자와의 공동 작업도 추진하
여 지역 농업의 플랫폼 기능 또한 수행하는 중이다.

세 번째는 지역의 다양한 노동력 활용이다. 팜오다에서는 법인의
일원이 작업에 필요한 능력에 따라 조직에 기여할 수 있는 여러 방식,
즉 다양한 노동 방식을 엿볼 수 있다. 지금부터는 팜오다의 노동 참가
방식에 초점을 맞춰 상세히 다뤄보기로 하겠다.

다양한 지역 주민이 참여하는 팜오다의 노동 참가 방식
① 팜오다의 생산 과정
팜오다의 벼농사는 봄철 작업인 경운, 써레질, 모내기, 중간 방제(헬리콥
터 방제)와 가을철 작업인 추수를 OP가 중심이 되어 기계화를 통한 일
관된 체계로 진행한다. 기계 작업을 할 때는 보조 작업자로 등록된 팜오
다의 구성원이 운반과 가벼운 노동 등 보조 업무를 담당한다. 건조 작업
은 오다 지구에 사는 인정 농업자(오다 지구 밖을 포함하여 경영 면적 27ha,
오다 지구 농지의 일부만 팜오다에 이용권 설정을 하고 있다)의 미니라이스센터
에 작업을 위탁하고 있다.

물 관리와 논둑 관리는 구성원 즉, 토지 소유자에게 재위탁한다. 어
떻게 물 관리를 하고 있는지를 살펴보자면, 모내기 전인 3~4월에 오다
지구 13개 마을에서 재배 계획과 연간 물 관리와 관련한 설명회를 개
최한다. 물 관리는 ①경운 이후부터 모내기(4~5월), ②중간 물떼기(7월),
③중간 물떼기 이후부터 출수기까지의 간단 관개(7~8월), ④출수기(8
월), ⑤수확 전 간단 관개와 낙수기에 5회 시행한다. 각 시기 전에 통지
문을 개별 농가에 배포해 철저히 주지시킨다. 물 관리는 구성원별로 차
이가 있으나 철저한 관리를 위해 15명의 이사가 2인 1조로 담당을 정해

순회하며 관리한다. 특히 기계 작업의 효율성과 관계가 깊은 낙수기와 수확량과 품질에 영향을 크게 미치는 중간 물떼기 시기에 중점적으로 순회하며 확인하고 있다.

　전작 작물로 재배하는 대두, 메밀, 밀 등도 OP의 기계 작업과 보조 작업자를 중심으로 생산된다. 2011년부터 시작한 채소 재배는 OP 2명 과 여성을 중심으로 구성된 채소 생산 그룹이 맡고 있다.

② 팜오다의 노동참가 방식

다음으로 팜오다의 노동 참가 방식을 살펴보자. 약간 오래되었지만 2012년 시점의 데이터로 분석해보면 운영을 중심적으로 맡은 이사는 15명으로 전원 남성이다. 나이는 50대 1명, 60대 5명, 70대 8명, 80대 1 명이다. 이 중 농협 출신이 3명, 지방 공무원 출신이 3명, 히로시마현 공 무원 출신이 1명이다. 거기에 감사가 2명 있다. 이사 15명과 감사 2명 을 포함한 임원 17명의 1년간 보수는 108만 엔으로 한 사람당 약 6만 엔이 지급되어 봉사 활동 성격이 강하다. 보수는 노동 시간에 맞춰 일한 분량만큼 배당하고 있다.

　기계 작업 등 중심 노동을 담당하는 OP는 전원 남성으로 14명이 다. 나이는 30대가 3명, 40대가 1명, 50대가 1명, 60대가 4명, 70대가 5 명이다. 이 중 30대 1명과 40대 1명은 히로시마현의 사업을 활용한 신 규 취농자로 연간 고용의 방식을 취한다. 2011년 실적으로 2명 모두 2,000시간 넘게 근무했다. OP에는 앞에 설명한 오다 지구 내의 인정 농 가(50대)와 그 후계자(30대)가 참가하고 있으며, 앞으로 지역을 이끌어 갈 중심인물로 기대를 받고 있다. OP의 임금은 시간당 1,200엔으로 일 한 시간만큼 배분된다.

표1 팜오다의 나이별 노동 참가

연령층	이사	여성	OP	여성	보조 작업자	여성	채소 담당	여성	신규 채용	여성	빵 공방	여성	합계	여성
20대											3		3	3
30대			3				2				1		7	1
40대			1						1		2		4	2
50대	1		1		2				1		3		7	3
60대	5		4		12	2	2	1			1		24	4
70대	8		5		11	4	8	8					32	12
80대	1				1		3	3					5	3

2012년 5월 기준(단, 빵 공방은 2012년 10월 기준)
*팜오다 질의응답 조사를 토대로 작성

다음으로 보조 작업자와 채소 생산 그룹을 보면, 보조 작업자는 기간 작업의 보조 작업(모 운반, 수확 보조)과 같은 가벼운 노동을 담당한다. 보조 작업자는 26명이 등록되어 있으며 연령대는 50대가 2명, 60대가 12명(여성 2명), 70대가 11명(여성 4명), 80대가 1명이다. 채소 생산 그룹은 1ha의 농지에서 아스파라거스, 토마토 등을 재배하는 그룹이다. 작업의 중심 역할을 맡는 사람은 앞서 말한 신규 취농자인 OP 30대와 40대 2명이다. 이들 이외에 채소 생산 그룹에는 14명이 참가하고 있다. 연령대는 30대가 2명, 60대가 2명(여성 1명), 70대가 8명(모두 여성), 80대가 3명(모두 여성)이다.

팜오다에서는 61명이 노동에 참여하고 있으며 여기에 여성 가공 조직의 11명, 쌀가루 빵을 제조하고 판매하는 '빵과 미몽'의 10명을 더

하면 총 82명이 된다. 팜오다는 60대와 70대를 중심으로 여성의 참가를 포함해 다양한 방식으로 구성원들의 노동 참가가 이루어지고 있다는 것이 특징이다(표1 참조).

그 밖의 노동 참가 형태로는 구성원에게 재위탁하는 논둑 관리 작업과 물 관리 작업이 있다. 한 예로 히로시마현에서는 팜오다 인근의 히가시히로시마시 농사 조합 법인 시게카네 농장처럼 농지의 소유권과 상관없이 담당할 농지를 할당하는 사례[20]도 많은데, 팜오다는 기본적으로 소유하는 농지를 소유자에게 재위탁하는 방식을 취한다. 단, 고령화로 인해 논둑 관리에 어려움을 겪는 구성원이 늘어나는 추세이며, 법인에 맡겨놓고 나 몰라라 하는 구성원도 있어, 팜오다로서는 이 문제를 어떻게 대응할지가 중요한 과제로 부상했다. 이에 팜오다에서는 논둑 관리를 중산간 지역 직접 지불 제도의 집락 배분을 활용해 집락에 작업을 위탁하기도 한다. 최근에는 꽃잔디 식재나 앞서 말했듯이 논둑 제초 로봇을 시험적으로 도입하거나 태양광 패널 기능을 가진 논둑 시트를 도입하는 등의 방법도 추진하는 중이다.

노동 참가 방식으로 본 '작은 협동'으로서의 팜오다

팜오다의 노동 참가 형태는 경영 관리를 담당하는 이사를 중심으로, 기계 작업을 담당하는 중심 노동력인 OP, 보조 작업과 채소 생산, 여성 가공 조직, 쌀가루 빵 제조 및 판매 등 여성의 기술을 활용한 다각화된 사업 담당자, 그리고 논둑 관리나 물 관리를 책임지는 구성원이라는 중층

---

20 졸고, 〈集落型農業生産法人の協同組織的性格と役割―東広島市重兼地区農事組合法人 S農場の事例〉, 《協同組合研究》, 제23권 제2호, 2003, 18~30p.

표2 팜오다의 임원 구성 변화

2006년 설립 시		2012년 5월			교와노 사토 오다 임직원
연령	직업	연령	직업		
79	전 지방공무원 전 군수				
78	전 회사원	⋯▶ 84	전 회사원		하쿠료부 부장
76	전 농협 관계자				
72	전 지방 공무원 전 군의원				
72	자영업				고문
69	전 회사원	⋯▶ 76	전 회사원		농촌진흥부 부부장
69	전 회사원	⋯▶ 76	전 회사원		
68	전 지방 공무원				
68	전 농협 관계자	⋯▶ 75	전 농협 관계자		
67	전 현청 공무원	⋯▶ 73	전 현청 공무원		고문
66	전 회사원	⋯▶ 72	전 회사원		
65	전 농협 관계자				
64	전 회사원				총무기획부 부장
62	전 회사원	⋯▶ 69	전 회사원		
		66	전 회사원		
		65	전 병원 사무	2012~	부회장
		65	전 회사원	설립 당시 OP	회계
		62	자영업	2011~	
		62	전 공무원	2011~ 설립 당시 OP	농촌진흥청 부부장
		61	전 회사원	2011~	환경보전부
		60	전 회사원	2012~설립 당시 보조 작업원	
	회사원	⋯▶ 62	회사원		복지 교류부

* 팜오다 질의응답 조사를 토대로 작성

표3 팜오다의 OP구성 변화

2006년 설립 시			2012년 5월				
연령	직업	이사 겸업	연령	직업		이사 겸업	코와노 사토 오다 임직원
72	자영업	○					
69	전 회사원	○	76	전 회사원		○	농촌진흥부 부부장
			76	자영업			
67	전 현청 공무원	○			조합장		(고문)
67	전 회사원		73	전 회사원			문화교육부 부장
66	전 회사원	○	72	전 회사원		○	
65	전 농협 관계자	○	71	전 농협 관계자			
62	전 회사원	○	69	전 회사원		○	
			67	전 회사원			
59	회사원		65	전 회사원		○	회계
50	인정농가		61	전 회사원			
			56	인정농가			
56	전 현청 공무원						
54	회사원		44	전 회사원		신규 취농	
			38	전 회사원		신규 취농	
			38	회사원		I턴	
			30	농업		인증 농가의 자녀	

*팜오다 질의응답 조사를 토대로 작성
※2012년 10월, 새롭게 외부에서 3명이 직원(파트타임)으로 참가

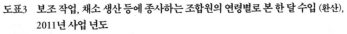

도표3   보조 작업, 채소 생산 등에 종사하는 조합원의 연령별로 본 한 달 수입 (환산),
        2011년 사업 년도

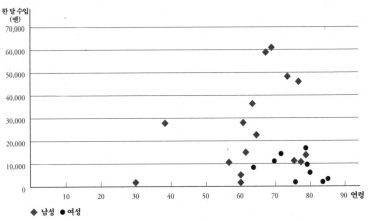

◆ 남성 ● 여성

* 팜오다 질의응답 조사를 토대로 작성
※ 2012년 10월, 새롭게 외부에서 3명이 직원(파트타임)으로 참가

구조를 가지고 있다.

표2는 설립 당시(2006년)의 이사 구성과 2012년의 이사 구성을 비
교한 것이다. 이사 대부분이 고령자로 75세가 넘으면 은퇴하는 이사가
늘고, 대신 설립 당시 OP였던 사람이나 정년퇴직 후 지역으로 돌아온
구성원이 이사가 되는 경우가 많다. 비교적 젊은 세대는 중심 노동력으
로 OP를 담당하고, 나이가 들면 이사에 취임한 뒤 팜오다의 이사를 은
퇴하면 지역 자치 조직의 임원으로 취임하는 세대교체 구조가 만들어
져 있다.

이어서 표3에서 알 수 있듯이 OP 역시 젊은 세대가 참가하면서 세
대교체가 일어나고 OP 경험자는 팜오다의 이사나 지역 자치 조직의 임
원으로 취임하는 등 지역에서 OP→ 팜오다 이사 → 지역 자치 조직 임

원이라는 계승 구조가 만들어지고 있다.

이사나 OP와 같은 중심층 주변에는 고령자나 여성을 중심으로, 기술과 노동력을 살린 노동의 장이 마련되어 있다. 쌀가루 빵의 제조와 판매는 비교적 젊은 여성이 중심축이 되지만, 보조 작업이나 채소 생산 그룹은 비교적 고령의 여성들이 많이 참가한다. 도표3은 보조 작업과 채소 생산 그룹에 참가하는 조합원의 한 달 수입을 노동 시간으로 환산한 것이다. 이를 살펴보면 한 달에 약 6만 엔이 최고 소득이며 특히 여성은 한 달 만 엔 이하의 수입이 많다. 수입 수준으로 보는 한, 구성원들은 수입을 얻는 것만이 아니라 팜오다에 참가하는 것, 모이는 것에 목적을 두고 있다 해도 과언이 아니다. 이렇듯 무리하지 않는 노동 참가 방식이 점차 확대되고 있는데, 설립 당시 보조 작업자는 12명(이 중 여성 5명)이었던 것에 반해, 2012년에는 보조 작업자와 채소 생산 그룹을 합쳐 41명(여성은 18명)으로 늘어났다. 집락 영농의 빌전 방향 중 하나인 다각화나 다업화는 단순한 경영 발전만이 아니라 구성원이 참가할 수 있는 장을 만들고, 참여 기회를 확대한다는 의의도 가지고 있음을 알 수 있다.

이사나 OP와 같은 팜오다의 중심층 바깥에는 논둑 관리 작업이나 물 관리를 담당하는 구성원이 있다. 다시로 요이치 씨가 말한 것처럼 팜오다는 이사층, OP층, 물 관리, 논둑 관리 담당층이라는 동심원상의 3층 구조[21]를 이루고 있는 데다가, 자신의 노동력이나 기술에 따라 법인과 느슨하게 관계를 맺는 고령자와 여성층이 존재한다. 이렇듯 다양하게 노동에 참가할 수 있는 방식으로 인해 팜오다는 생산 협동을 넘어 '지역 만들기'의 성격을 가지고 있다는 것을 알 수 있다.

---

21   田代洋一,《集落営農と農業生産法人》, 筑波書房, 2006, 255~258p.

단, 동심원상의 가장 바깥에 위치하는 물 관리와 논둑 관리 담당
자층 중에는 노동 참가에서 떨어져나가 토지 소유 비농가가 되는 경우
도 적지 않다. 이용권 설정 단계의 집락 영농에서 노동 참가에 적극적
으로 참여하지 않는 농지 소유자는 실질적으로 토지를 소유한 비농가
로 전환되고 있는데, 이런 경향을 집락 영농의 딜레마[22]라 칭한다. '맡
겨놓기만 하는' 관계는 노동 참가가 없는 한 생산 협동에서 떨어져나
가, 자산 관리의 서비스화 즉, 이용자화되는데, 이러한 추세는 기존의
농협이나 생협에서 보이는 조합원들의 고객화나 이용자화와 비슷하
다고 할 수 있다. 이러한 문제를 가진다는 의미에서도 집락 영농은 협
동 조직이다.

4 _ 농협은 집락 영농을 어떻게 바라보는가

팜오다가 보는 농협

지금부터는 생산 협동으로서의 '작은 협동'인 집락 영농과 기존 농협의
관계를 살펴보기로 하자.

팜오다와 농협의 관계는 크게 두 가지로 요약된다. 팜오다가 시설,
기계 대여 및 자금 측면에서 농협의 사업을 활용하고 있다는 것과 한편

---

22 이바 하루히코(伊庭治彦) 씨는 집락 영농에서 나타나는 토지 소유 비농가화를 '집락 영농
    의 딜레마'로 정의했다. 伊庭治彦, 〈近畿地域の農業構造変動〉, 安藤光義 《農業構造変動
    の地域分析》, 農山漁村文化協会, 2012, 228~229p. 집락 영농에서 나타나는 토지 소유 비
    농가화 문제에 대해서는 졸저 〈土地持ち非農家のコミットメントを確保するために〉,
    《農業と経済》 제82권 제1호, 2015, 40~49p 참조.

표4 팜오다의 각 년도 판매처별 판매량 및 구성 비율 추이 (포대/30kg, %)

	2006년도	2007년도	2008년도	2009년도	2010년도	2011년도 계획
농협 계통	4,519	3,392	2,294	5,203	130	230
	65.3%	45.1%	27.8%		1.8%	3.2%
직접 판매	351	2,820	4,162		5,554	5,722
	5.1%	37.5%	50.5%	73.7%	77.8%	79.3%
한마이	1,410	1,088	1,180	1,361	1,261	1,100
	20.4%	14.5%	14.3%	19.3%	17.7%	15.3%
요린냐야 식당	643	220	603	497	189	160
	9.3%	2.9%	7.3%	7.0%	2.6%	2.2%
계	6,923	7,520	8,239	7,061	7,135	7,212

*팜오다의 연도별 총회 자료 및 청취 조사를 토대로 작성
주: 색이 진한 순부터 매출 1위, 2위, 3위로 표기

에서는 경영 발전 과정에서 팜오다의 독자 판매 비율을 높이고 농협 공동 판매 비율을 낮추고 있다는 것이다.

팜오다는 관내 농협에서 합병하기 전인 구(舊) 오다 농협(합병 후에는 구(舊) 오다 지부) 건물을 빌려 쓰고 있고, 자금 면에서는 제도 자금의 창구로 농협의 사업을 활용하고 있으며, 일부 시설 및 기계 대여 사업을 활용하고 있다. 그 밖에 농협의 농업용 자재 공동 구매도 이용하고 있으며, 신용 사업, 구매 사업은 농협 사업을 활용하고 있다.

이에 반해 판매는 양상이 다르다. 표4는 설립부터 2011년까지 연도별로 본 판매처별 판매량과 구성 비율을 나타낸 것이다. 2006년산은 농협 출하가 65.3%를 차지했는데 2011년산은 출하 계획에서 농협 출하가 3.2%로 감소했다. 이에 반해 도매용 쌀 등 직접 판매는 2006년산이 5.1%에서 2011년산 출하 계획은 79.3%로 증가했다. 농협 출하 중심에

표5 2010년산 쌀 판매 상황

	고시히카리 15.6ha 포대(30kg)구성비(%)	가격 (엔/포대)	히노히카리 14.0ha 포대(30kg)구성비(%)	가격 (엔/포대)	아키로망 13.3ha 포대(30kg)구성비(%)	가격 (엔/포대)	전량 (떡 포함) 포대(30kg)구성비(%)	(참고) 2011년 계획 포대(30kg)구성비(%)
축산A사	1,332 56.4%	7,193	476 22.0%	6,793			1,808 25.3%	2,000 27.7%
쌀도매B사	420 17.8%	불명확					420 5.9%	1,396 19.45%
쌀도매C사	222 9.4%	6,650	278 12.8%	5,700	1,876 79.0%	6,000	2,476 34.7%	2,077 28.8%
쌀도매D사	100 4.2%	불명확					100 1.4%	44 0.6%
쌀도매E사			250 11.5%	불명확			250 3.5%	205 2.8%
식품업F사					500 21.0%	불명확	500 7.0%	0 0.0%
요린나야	89 3.8%		60 2.8%				189 2.6%	160 2.2%
한마이	198 8.4%	7,500	972 44.9%	6,800			1,262 17.7%	1,100 15.3%
농협		5,300	130 6.0%	5,000		5,000	130 1.8%	230 3.2%
계	2,361		2,166		2,376		7,135	7,212

*팜오다 자료 및 청취 조사를 토대로 필자가 작성
주: 농협 가격은 개산급(槪算給)

서 직접 판매 중심으로 전환한 요인은 ①지역 미니라이스센터를 활용한 건조 작업이 가능해져 독자 판매를 할 수 있게 된 점, ②소규모이지만 팜오다에 정미 시설을 설치하여 정미 판매가 가능해진 점, ③농협과 비교하여 도매용 쌀의 직접 판매가가 가격 면에서 유리한 점을 들 수 있다.

표5는 2010년산 쌀의 품종별, 판매처별 판매량과 그 비율을 표시한 것이다. 고시히카리는 축산A사를 중심으로, 히노히카리는 한마이,

아키로망은 쌀도매C사를 중심으로 판매하고 있다. 판매처별 판매량 합계를 보면 C사 34.7%, 다음으로 축산A사 25.3%, 한마이가 17.7%을 차지한다. 품종별 판매처의 다각화는 판매 리스크, 특히 대금 결제 리스크 관리가 가능하고, 실수요자의 요구에 맞춰 판매할 수 있도록 해준다. 2015년 시점의 판매처별 구성은 환경 변화에 따른 변화가 있기는 하지만, 농협 출하 비율은 여전히 낮고 실수요자에 대한 직접 판매가 주를 이룬다.

　　팜오다의 대표는 농협에 "'프로 생산자'를 지도하며 지원하고 정보를 제공해줄 수 있는 영농 지도자의 증가와 육성"을 요구했다. 그리고 "농협과 집락 법인은 차의 양 바퀴와 같으므로 절차탁마가 필요하다"고 강조했다. 판매에 대해서는 "판매 영업을 (농협이) 직접 해서 전량 수매해줄 것"을 요구했다. 즉, 팜오다의 대표가 생각하는 집락 영농과 농협의 관계는 비즈니스 파트너이며, 특히 농협이 판매 리스크를 가져갈 것을 요구한다는 점이 특징이다. 이러한 관계성을 요구하는 배경에는 집락 영농의 '경영자'로서 경영의 유지와 발전에 대한 책임이 있기 때문이다.

　　현재 농협 계통에서는 제27회 JA전국대회 결의에 나타나 있는 것처럼 도도부현[23]에 영농 지원 센터를 설치하고 단위 농협과 함께 특히 집락 영농이나 대규모 법인 경영체, 대규모 농가를 대상으로 적극적으로 관여해나간다는 방향성을 정해두고 있다. 단, 이 방향성은 비즈니스 파트너로서의 관계를 구축하는 것으로, 대량 구입에 따른 자재 가격 절

23　일본의 광역 행정 구역인 도(都),도(道),부(府),현(縣)을 지칭한다. 이하 광역 자치 단체로 칭하도록 한다.(옮긴이)

감이나 실수요에 대응한 생산과 계약 판매의 도입, 노동력 지원 등 지원 계획 도입이나 자금 수요 발굴 등이 중심 내용이다.

집락 영농을 지원하는 농협의 대응

특히 사업적인 측면에서 집락 영농과 농협의 관계는 구매 사업과 판매 사업으로 연결되어 있다. 집락 영농에게 농협이란 구매 사업에서는 매입처 중 하나이며, 판매 사업에서는 판매처 중 하나다. 단, 판매 사업 분야에서는 집락 영농이 건조 시설을 소유하고, 정미 시설까지 소유했을 경우 농협의 공동 판매와 집락 영농의 거리는 멀어진다. 이런 의미로 경영적인 측면에서 자립하고 있는 집락 영농과 농협의 관계는 비즈니스 파트너로 향하게 된다.

한편에선 집락 영농에 적극적으로 관여하는 농협도 많다. 주부 지방의 농협에서는 지역 농업의 중심 중 하나로 '안정 겸업농가'를 두고 이를 지원하는 구조로 집락 영농의 설립과 법인화를 관내 전역에서 추진하고 있다. 이 농협에서는 거의 관내 전역을 커버하는 것을 목표로 2017년 시점에 49개의 집락 영농(이 중 법인은 41개)을 농협이 설립 단계부터 견인하는 형태로 조직화하고 경영 관리 지원을 통해 적극적으로 뒷받침하고 있다.

또한, 앞서 예를 든 주고쿠 지방의 농협에서는 농협이 주체적으로 집락 법인의 조직화를 추진하는 동시에 전작 대응 등 농기계의 공동 이용이나 경영의 고도화를 목표로 한 집락 법인의 네트워크(집락 법인 간 연계)를 구축하고 있다. 이런 농협에서는 집락 법인에 대한 출자나 수매와 판매 등 집락 법인의 경영에도 적극적으로 관여하고 있는 것이 특징이다.

전국적으로 본다면 설립 단계부터 농협이 적극적으로 관여하는 집락 영농에서는 농협과의 관계가 사업 이용에 그치지 않고 좋은 편이다. 실제로 설립 단계부터 농협이 관여할 뿐 아니라 세무 대응과 경영 관리 지원, 경영 다각화 지원 등 집락 영농을 지원하는 구조를 구축한 농협은 집락 영농과 매우 견고한 관계를 갖는 사례가 많다. 이는 농협의 기초 조직이기도 한 집락의 기능 강화로도 이어지며, 집락 영농이 농협의 기초 조직 중 하나로서의 실태를 가지기 시작했다고도 할 수 있다.

집락 영농과 농협의 관계, 앞으로의 과제

집락 영농과 농협의 관계를 정리하면 설립부터 농협이 적극적으로 관여한 집락 영농에서는 사업 이용을 비롯하여 농협과 강한 유대감을 갖는 경향이 있다. 이런 관계 강화는 경영 관리 지원이나 집락 영농의 네트워크화 등 계속되는 농협의 지원이 효과를 나타낸 것으로 보인다.

　이에 반해 집락 영농 설립 시에 농협의 관여가 적었던 사례에서는 특히 판매 사업에서 집락 영농의 자립화 경향이 강하고, 집락 영농과 농협이 경합 관계가 되는 경우가 많다. 오늘날 농협이 이러한 집락 영농에 대해 비즈니스 파트너로서의 관계를 강화하려는 자세는 자기 개혁의 한 측면으로 꼽을 수 있다.

　이쯤에서 집락 영농과 농협의 관계와 관련한 과제에 대해 농협 조합원의 시점에서 검토해보고자 한다. 실제로 집락 영농의 구성원 대부분, 아니, 거의 전부가 농협의 조합원이기도 하며 집락 영농과 농협의 이중 조합원이다.

　특히 생산자의 입장에서 농협 조합원과 농협의 관계는 사업에 관한 신용 및 공제 사업과 생활 경제 사업으로 한정된다. 바꿔 말하면 생산자가 농협의 영농 경제 사업을 이용할 수 있는 기회는 집락 영농이

관계하지 않는 범위로 제한되는 것이다. 주고쿠 지방의 농협에서는 집
락 영농이 법인화하면서 농협과 조합원의 관계가 멀어지게 되었다는
지적도 나오고 있다.

집락 영농의 법인화가 진행되면 특히 영농 경제 사업을 통한 농협
과 조합원의 연계가 약해지는 문제가 발생하는데, 농협에서 멀어지는
것은 자립한 집락 영농뿐만 아니라 집락 영농에 참가하는 조합원도 마
찬가지다. 이 문제를 해결하려는 노력이 전국적으로 그다지 눈에 띄지
않는다. 영농 경제 사업에서 농협과 조합원의 관계가 약해진다면 그 밖
의 종합 사업이나 활동을 통해 관계를 강화하기 위한 노력이 필요한 법
이지만, 농협이 집락 영농과 관계하는 방식은 아무래도 영농 경제 사업
부문에 한정되는 사례가 많다.

오늘날 집락 영농의 영역은 농협의 기초 조직이기도 한 집락 단위에
서 지점 단위인 초등학교 통학 구역, 중학교 통학 구역까지 폭넓다. 이는
농협 운영에 대한 조합원의 참가 단위이기도 하다. 그럼에도 농협이 집
락 영농과 관계하는 방식을 영농 경제 사업 부문으로 한정시켜 비즈니스
파트너로 관계를 축소하는 것은 앞으로의 지역과 농협의 관계, 농협과
조합원의 관계를 생각할 때 염려되는 부분이다. 농협이 집락 영농의 구
성원들을 농협의 조합원으로서 새롭게 대응할 필요가 있는 듯하다.

5_마무리

집락 영농의 발전 방향과 '작은 협동'

쌀 정책을 재검토하는 과정에서 집락 영농의 조직화는 더욱 추진될 것

으로 보이지만 집락 영농의 앞날은 그다지 녹록지 않다. 직접 지불 제도 폐지는 집락 영농의 경영 문제와 직결되어 앞으로 지대나 논둑 관리 비용, 물 관리 비용 등이 더욱 축소될 것으로 예상된다. 게다가 생산 조정 정책의 재검토로 산지간 경쟁이 심해지고 소규모 로트 단위의 직접 판매 등 지역 내 시장에서의 경쟁도 격화될 것으로 보인다. 경영 외 이익의 저하와 낮은 쌀 가격으로 경쟁하는 시장 환경하에서는 집락 영농의 경영 방식도 변화가 필요하다.

앞으로는 지대의 세분화 및 차별화나 제로 지대, 마이너스 지대도 검토할 필요가 있다. 중산간 지역의 집락 영농은 농지 유지를 목적으로 하면서 집락이나 구성원에 대한 분배를 중시한 경영이 일반적이었는데, 이런 경영도 분배 비율을 떨어트리는 형태로 변화하고 있다. 시마네현의 지역 공헌형 집락 영농과 같이 지역 정책의 거점 기능을 전면에 내세운 조직도 탄생하고 있다.[24]

이러한 환경으로 인해 지역에서는 다양한 대응들이 나타나고 있다. 그중 하나가 시마네현의 지역 거점형 집락 영농으로, 농업 +α라는 다업형 조직이다. 여기서는 쌀 경영 이외에 다양한 지역 과제에 대응한 지역 만들기 조직으로서의 성격을 강화하고 있는데, 이러한 다업화가 경영 전략의 중심이 되고 있다는 것이 지금까지의 집락 영농과 다른 점이다.

또 하나는 광역 조직화이다. 광역 조직화는 ①집락 영농 간 연계(네

24　다카하시 아키히로(高橋明広) 씨는 지역 공헌형 집락 영농을 이론적으로 발전시킨 사회 공헌형 집락 영농을 제기했다. 高橋明広, 〈社会貢献型事業の展開論理─集落営農組織を 対象として─〉, 伊庭治彦 편저, 《農業・農村における社会貢献型事業論》, 農林統計出版, 2016, 46~52p.

도표4 집락 영농 광역화의 두 가지 흐름

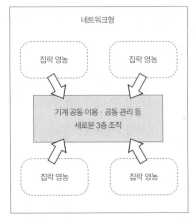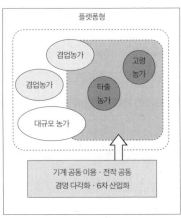

* 필자 작성

트워크형), ②초등학교 통학 구역 등 광역 조직화(플랫폼형)의 두 가지 흐름이 나타나고 있다.[25](도표4 참조)

①의 네트워크형은 기계 공동 이용, 자재 공동 구입, 수확물 공동 판매를 통한 네트워크 조직화로 소위 '3층 구조 조직화'가 추진되고 있다. 쌀 가격이 낮은 가운데 경영 비용을 줄이기 위해서거나, 판매 전략을 염두에 둔 로트 확보 등 집락 영농의 경영 효율화가 목적인 조직화로, 협동조합의 사업 연합회와 같은 논리이다. 이러한 움직임은 전국적으로 확대되고 있고, 3층형 부분 법인화도 진행되고 있다.

①의 집락 영농 간 연계에서 경영 주체는 어디까지나 개별 집락 영농으로 경영 효율화를 목적으로 한 네트워크화이다. 이와 비교해 ②의

---

25 집락 영농의 광역화에 대해서는 많은 보고가 있는데, 사례로 정리한 것은 農文協 편,《集落・地域ビジョンづくり》, 農山漁村文化協会, 2014년 등이 있다.

플랫폼형은 설립 초부터 집락을 넘는 광역 조직을 만든다는 것이 특징이다. 야마가타현 야마가타시의 무라키자와아지사이(村木沢あじさい)영농 조합이 대표적이다. 사업 범위는 초등학교 통학 구역 정도로 비교적 광역이며, 내부에 집락 영농 조직뿐만 아니라 대규모 농가나 겸업농가도 포함하는 지역 농업과 지역의 플랫폼 기능을 도모하고 있다. 2010년 이후, 전국에서 풀뿌리 방식으로 자생적으로 확대되고 있다는 점이눈길을 끈다.

이상의 집락 영농 간 연계(네트워크형)와 광역조직화(플랫폼형)는 농협이 걸어온 역사적 경위와 겹쳐지는 부분이 많다. 일찍이 마을 단위로설립된 단위 농협은 규모의 경제의 장점을 살리기 위해 연합회를 조직했고 농협 합병을 추진했다. '작은 협동'으로서의 집락 영농도 경영의효율화와 사업의 계속성을 위해 연대나 광역화라는 재편 단계에 들어선 사례가 늘고 있다.

재편 단계에 들어선 집락 영농에 농협이 어떻게 관계를 맺어갈 것인지 귀추가 주목되지만, 그 관계가 과연 비즈니스 파트너로서의 파트너십을 구축하는 방향일 것인지가 의문이다. 좀 더 현장의 실태를 살펴볼 필요가 있지만, 적어도 농협은 집락 영농과의 관계를 재검토하고 명확히 할 필요가 있다.

조합원과의 관계에서 본 집락 영농의 발전 방향

집락 영농이 법인화됨에 따라 농협과 소원해진 조합원과의 관계를 어떻게 맺을 것인가 역시 농협의 과제이다. 이와 함께 집락 영농의 법인화로 집락 영농 내부에서 증가하는 추세인 토지 소유 비농가화는 곧 농협의 조합원 탈퇴로 이어져, 농협으로서는 조합원 이탈까지 이중으로 겪

고 있는 셈이다. 조합원 이탈과 관련해서는 팜오다의 실천에서 배울 점
이 많다. 팜오다의 노동 참가 방식은 이사, OP, 관리 작업 담당이라는
동심원상의 3층 구조이며, 그 속에서 고령자, 여성 등 지역 주민에게 다
양한 노동 기회를 제공하고 있다. 생산 협동으로서의 '작은 협동' 안에
새로운 '작은 협동'을 만들고 있는 것이다.

　　팜오다의 대표는 지역 주민을 가능한 농업에서 멀어지지 않도록
"모든 농지를 법인에게 맡기기보다 한 마지기이라도 자가 소유지를 남
겨놓고, 자가 소유지에서 직접 생산해 농산물을 직매장 등에 판매하는
것이 중요"하다고 말한다. 이 속에 내포된 의미는 조합원을 농업에서
멀어지지 않게 하겠다는 뜻으로 토지 소유 비농가가 되는 것을 막는 동
시에 지역 주민이 활약할 수 있는 장을 없애지 않고, 보다 적극적으로
지역 주민의 활동 공간을 키우겠다는 것이다. 이러한 실천이 바로 노동
력이나 능력에 맞춘 새로운 기능 조직, 즉 보조 작업이나 채소 생산 그
룹, 쌀가루 빵 제조 판매, 여성 가공 조직과 같은 조직화이다. '작은 협
동' 안에서 '작은 협동'을 키우는 것이며, 참가의 기회를 다양하게 만들
고 있다.

　　농협으로 시점을 돌려보자면 농협에는 다양한 조합원 조직과 활
동, 그리고 활동을 통해 새로운 사업을 만들어온 역사적 경험이 있다.
특히 여성부를 중심으로 생활과 밀접한 활동이나 교육 문화 활동, 협동
활동을 진행해왔으며 오늘날에는 지점 협동 활동도 전개되고 있다. 집
락 영농과의 관계에서도 집락 영농을 단순한 농업 경영체로 보지 않고
조합원에 의한 '작은 협동'으로 본다면, 다양한 관계 맺기가 가능하지
않을까.

　　오늘의 집락 영농은 정책 대응 차원에서 전국적으로 확대되고 있

으며 경영체의 성격을 강화하고 있지만, 대부분은 지역 농지의 유지,
지역 농업의 유지, 더 나아가 지역 만들기를 목적으로 한 '작은 협동'으
로서의 성격 역시 가질 수 있다. 영농 경제 사업이라는 측면에 한정하
지 않고 지역 만들기로서의 '작은 협동'과 어떻게 관계를 맺을 것인가
가 농협 앞에 놓여 있는 과제이다. 농협 계통이 추진해온 지역 영농 비
전 운동은 담당 주체 육성과 동시에 지역 만들기로써 의의를 내걸고 있
다.[26] 집락 영농을 비즈니스 파트너로만 볼 것이 아니라 지역 만들기를
하는 '작은 협동'으로서 적극적으로 규정해 종합 사업을 활용한 관계
맺기 방식을 모색하는 것이 필요하다.

---

26   지역 영농 비전 운동의 지역 만들기 성격에 대해서는 졸고 〈組織基盤戦略としての地域営
      農ビジョン運動〉,《JC総研レポート》2013년 가을 제27호, 一般社団法人JC総研, 2013,
      16~21p를 참조.

제2장

농협 서로 돕기 협동의 발전과 복지 사업의 구조

: 나가노현 JA아즈미 사례

다나카 히데키
다나카 사치코

1 _ 들어가며

오늘날 일본 전역의 절반 가까운 농협에 서로 돕기 조직이 있고 약
40%의 농협이 노인 장기 요양 보험(이하, 장기 요양 보험) 사업의 형태
로 고령자 복지 사업을 펼치고 있다. 서로 돕기 조직을 운영하는 농
협은 319개(2016년)에 이르며, 이러한 농협에서는 조합원이 중심이된
서로 돕기 활동과 전문가가 담당하는 복지 사업이 함께 이루어지고
있다.

협동 조합의 사업은 조합원 노동의 연장선상에서 그 사업이 사회
화하면서 농협 직원이 담당하는 전문 노동이 발생하고, 이런 전문 노동
이 조합원 노동을 지원해주는 특징이 생기는데 이를 '협동조합적 사업
구조'라고 한다.

문제는 농협이 장기 요양 보험 사업에 진출하면서 사업적 안정을
우선시하게 되어, 서로 돕기 활동과의 관련성을 고려하지 않아 조합원

의 서로 돕기 활동이 정체될 수 있다는 점[1]이다. 즉, 장기 요양 보험 제
도에 기반한 농협의 복지 사업의 사업화 경향은 조합원의 돌봄 노동 혹
은 서로 돕기 활동을 지원하는 것이 아니라 조합원을 고객으로 만든다.

　　일반적으로 협동조합의 사업은 사업으로 자리 잡게 되면서 조합원
을 지원의 대상에서 영리의 대상으로 끊임없이 바꾸려 한다. '협동조합
자본의 완전 자본화 경향'이라는 지적[2]이 있듯이, 이를 노동론의 관점
에서 보면 농협 직원의 전문 노동은 조합원 노동에서 출발하여 사회화
형태로 나타난 것인데, 이 과정에서 조합원을 주인공으로 하는 지원 노
동이 조합원을 대상으로 보는 영리 노동으로 바뀌면서 주객전도가 일
어난다. 이와 같이 조합원 돌봄 노동, 서로 돕기 활동의 연장이었던 사
업이 조합원 노동을 보완해주던 것에서 조합원을 끊임없이 고객화하는
쪽으로 전향하려는 것은 사업화에 따른 협동조합의 사업 구조에 문제
가 발생했음을 의미한다. 농협의 다른 사업 부문이나 생협에서도 같은
문제가 발생한다.[3]

　　이와 동시에 농협의 복지 사업 대부분이 장기 요양 보험 제도에 따
라 운영된다는 점은 협동조합의 사업이 제도에 포섭되어 획일적이고
관료적으로 집행될 수 있음을 의미한다. 요양 급여 대상자의 자립을 돕
는 돌봄은 본래 개인의 신체 능력이나 가족 상황에 따라 요구 내용이
다양하고 개성적이다. 또한 제도로 정한 서비스를 넘어서는 지원에 대

1　內田多喜生, 木村俊文, 〈3年目に入ったスの介護保險事業の現狀と課題〉, 《農林金融》,
　　2002. 9. 田渕直子, 《ボランタリズムと農協》, 日本経済評論者, 2003, 91p. 本城昇, 〈高齢
　　者介護サービスの市場経済化と利用者側の利益の確保〉, 日本村落研究学会 편, 《高齢
　　化時代を拓く農村福祉》, 農山漁村文化協会, 1999, 56p.
2　《美土路達雄選集 第1巻 協同組合論》, 筑波書房, 1994, 179p.
3　田中秀樹, 《消費者の生協からの転換》, 日本経済評論社, 1998.

한 수요에서 알 수 있듯이 총체적이기도 하다. 이러한 돌봄이 장기 요양 보험 제도의 서비스로 한정됨에 따라, 요구에 부분적으로만 대응한다거나 노동을 급여 대상이나 회원에 한해 제공할 수밖에 없다.[4] 그런 만큼 농협의 복지 사업은 수급자나 가족의 요양 보호 요구에 기초한 서로 돕기 활동을 기반으로 조직해야 한다.[5]

4　"노인 장기 요양 보험 제도의 급여 대상 서비스는 '가족이나 본인이 감당하기 어려운 돌봄'을 빠짐 없이 반영해 설계된 것이 아니다". 장기 요양 보험 제도는 '어려움' 중에서 "'제도의 서비스 기준에 부합하는 범위'를 떼어내 그 대상에게 제공하는 서비스에만 비용을 지급한다". 서비스의 구체적 내용은 '개별화 및 세분화'되고 '각각 독립된 업무의 묶음'으로 명시되고서야 보험 급여 대상이 된다. 급여 대상 '범위'는 '어려움'의 개별성과 다양성 때문에 당연히 '그레이 존'이 발생하지만, 행정상 '안내'나 전문직 협회의 '가이드라인' 등을 통해 요양 보호 종사자들의 내적 규범으로 안착한다. 그러나 실제 돌봄 노동 현장에서는 "충돌과 갈등도 발생한다". 더욱이 "'시장 거래로서의 서비스 교환'은 요양 보호 서비스 이용자와 제공자의 관계를 뒷받침하는 기반이 된다". 森川美絵,《介護はいかにして「労働」となったのか—制度としての承認と評価のメカニズム—》, ミネルヴァ書房, 2015, 193~200p, 264p. 또, 돌봄 노동을 '대인격 노동'으로 본 이시다(石田)는 "수급자의 내적 발달과 관련된 요양 보호가 외면받고 있다"는 점에 주목했다. "요양 보호 과정이 일단 무자르듯 쪼개집니다. 그리고 '특정' 수급자와 '직접' '대면'하는 신체 중심의 돌봄으로 재편성됩니다. 생활 보조(가사 지원)는 이러한 신체 돌봄을 위해 부대조건으로 '필요하다'고 정부가 인정한 경우에만 '요양 보호'로 판단됩니다. 이렇게 '대면', '신체 돌봄'을 중심으로 재편성될 때 꼭 필요한 요양 보호의 연속성은 무시됩니다. 그냥 무시되는 것이 아니라 수급자의 내적 발달 의욕과 관련된 요양 보호가 외면받는 것입니다". 石田一紀,《介護労働の本質と働きがい》, 萌文社, 2015, 202p.

5　"장기 요양 보험 제도가 '돌봄 노동'으로 출발하긴 했지만, '특수성'과 '한계'"가 있다고 모리카와(森川)는 언급했다. 장기 요양 보험 제도는 "고령자와 그 가족에게 구매력을 부여함으로써 시장에서 수요와 공급의 균형을 만들어 이를 통해 요양 보호와 관련한 필요를 충족"시키는 "시장 모델"이며, "'강한' 개인과 행정적 통제가 뒷받침해 주는 시장에 의한 필요 충족 모델이다". "장기 요양 보험 제도의 '바깥'에서 일어나는 활동과 비교하면 더 분명한데, 수급자 개개인의 인간다운 일상생활을 지원하는 데는 단위화되고 구분화된 서비스 즉, 전국적으로 표준화된 서비스 범위에 한정하지 않고 지역에서 지역과 연결되는 세심한 관여가 중요한 역할을 했다. 이는 '약한' 상호성이 모여 만들어내는 지역 공동성에 의한 필요 충족 모델이다. …장기 요양 보험 제도는 '약한' 상호성이 모여 만들어내는 지역 공동성이 토대가 되어야 비로소 유효하게 기능하는 '부분 시스템'에 불과하다. '부분 시스템'에 지나지 않는 것은 어떻게 확대해도 가족 범위 밖의 돌봄을 지원하는 방식으로는 '부분 시스템'에 머무를 뿐이다". 森川, 앞의 책, 종장.

2018년에는 장기 요양 보험 제도가 개편 시기[6]를 맞으면서 요양 급여에 의존하는 농협의 복지 사업 역시 사업의 수익성을 고려하여 개편의 필요성이 높아졌다.[7] 장기 요양 보험 제도의 개편은 농협 복지 사업의 중심이 방문 요양에서 지역 밀착형 서비스로 옮겨간다는 의미이고, 한편으로는 일상생활 자립도가 높은 수급자 지원은 국가에서 기초 자치 단체로 이관되어 지역지원 사업에 맡겨진다는 의미이다. 재정난을 안고 있는 기초 자치 단체로 옮겨지면 요양 급여의 단가가 낮아질 가능성이 커 헬퍼의 보수 하락과 확보의 어려움이 예상된다.[8] 또한 전문가가 아닌 지역 주민의 자원봉사에 의지한 지원으로 바뀌게 되면 수급자의 돌봄 요구에 모두 대응할 수 없는 경우가 발생하며 서비스의 질도 떨어진다. 농협의 요양 보험 사업은 일상생활 자립도가 높은 수급자들이 많이 이용하기 때문에 경영에도 큰 영향을 미칠 수 있다. 제도 개편에 따른 요양 급여 가감 조치로 농협의 요양 보험 사업이 중증자 중심으로 바뀌게 되면, 앞으로 서로 돕기 조직과 요양 보험 사업의 관계를 포함해 '농협 복지 사업의 태세 전환'[9]이 필요하다.

6 일본의 장기 요양 보험 제도는 2000년 시작된 이래 3년마다 개정되어 2018년-2020년 7기에 접어들었다.(옮긴이)

7 JA전국농협중앙회 고령자 대책과 과장은 다음과 같이 언급했다. "장기 요양 보험 제도 개정 흐름만 살펴보아도 이 변화에 편승하지 못하면 사업은 현저히 쇠퇴할 것이 명백하다. 따라서 방문 요양을 주력 사업으로 전개하는 JA는 서둘러 새로운 방침을 모색해야 한다. 바꿔 말하면 지역 포괄 케어 시스템의 기반을 정비하는 흐름에 편승해서 지역 밀착형 사업 및 일상생활을 지원하는 종합 사업과 어떻게 연계할지가 생명선이라 해도 과언이 아니다." 今井準幸, 〈地域に根ざすサービスを軸に地域密着ナンバーワンへ—全国農業協同組合中央会の取り組み〉, 《介護経営白書2012年度版》, 日本医療企画, 2012.

8 〈『要支援』向けサービス市町村移管で現場に不安〉, 日本農業新聞, 2016. 10. 13.

9 東公敏, 〈国民会議報告書が示す地域包括ケアの構図—単協・病院が協同して農協福祉事業の構え直しを〉, 《文化連情報》, 日本文化厚生農業協同組合連合会, No.428, 2013. 11.

협동조합의 서로 돕기 활동은 서로 돕기 협동으로 발전하여 호조(互助)를 통해 자조(自助)를 보완하고, 지원 노동을 해줄 전문직이 필요해질 만큼 활발해져 사업으로 성립하기도 한다. 그러나 이러한 고도의 사업화, 제도화는 협동조합 사업의 본질을 변질시킬 우려도 포함하고 있다.

농협은 조합원의 서로 돕기 활동과 조직을 복지 사업의 기반으로 하고 있으며 복지 사업의 구조 역시 서로 돕기 활동과의 연속성을 지키고 있다. 지금까지 살펴본 협동조합 사업의 성격에 입각했을 때 농협이라면 제도 개편이라는 난관 속에서도 협동조합다운 사업적 특징을 발휘할 수 있지 않을까. 이번 장에서는 서로 돕기 조직과 복지 사업 사이의 관련 구조에 주목하면서 나가노현의 JA아즈미 사례를 통해 이 가설에 대해 살펴볼 것이다.

본문에서 다룰 내용은 다음과 같다. 첫째, JA아즈미의 서로 돕기 협동과 복지 사업의 발전 경위를 살펴보면서 그 사업 구조에 주목해, 서로 돕기 협동을 포함한 농협다운 복지 사업의 구조적 특징을 밝힌다. 둘째, 전국의 농협 복지 사업 경과와 현황을 개관하고 JA아즈미의 실천이 전국적으로 어떠한 의미가 있는지 확인한다. 마지막으로 복지 사업의 구조뿐만 아니라 농협 조직 전체에 있어 복지와 서로 돕기가 어떤 의미를 가지는지 고찰한다.

2 _ 농협의 서로 돕기 활동 추이와 고령자 복지 사업

농협의 서로 돕기 활동 추이

농협에서 조합원 주도의 서로 돕기 활동은 1991년 홈 헬퍼 양성 연수로

도표1 농협 홈 헬퍼 양성 강좌 참여자 누계 (명)

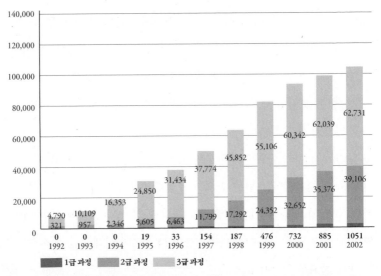

*JA전국농협중앙회 자료를 토대로 작성

시작되어 크게 확대되었다. 농협 임원으로부터는 농협이 복지 분야에 뛰어드는 것에 대한 비판과 걱정이 제기되었지만, 양성 강좌에 예상 이상으로 많은 응모자가 몰려 농협 복지 활동을 확대하는 기폭제가 되었다.[10] 양성 강좌는 가족 중에 요양 급여 대상자인 노부모가 있거나, 곧 다가올 돌봄에 대한 불안으로 인해 '요양 보호는 나의 문제'라고 인식한 농촌 여성들의 요구와 그야말로 딱 맞아떨어졌다. 수강 목적은 자원봉사를 위해서라기보다 가족을 돌볼 때 도움이 되어서가 대부분이었다.

1992년에는 농협법이 개정되어 요양 보호 사업의 원외 이용 제한

---

10   相川良彦, 《農村にみる高齢者介護》, 川島書店, 2000, 239p. 또, 櫻井勇, 〈JA福祉活動の支え手からみたJAと今後の課題〉, 《JA総研レポート》, 2007. 4, 창간호. 田渕, 앞의 책, 79p.

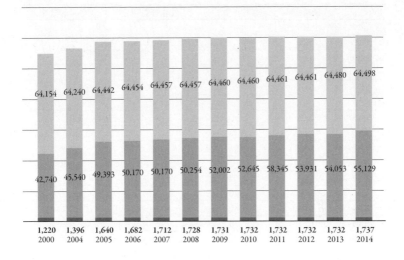

이 없어져 농협 복지 사업의 공공성이 인정받게 되었고, 농협의 본사업으로 복지 사업이 가능해졌다.

　농협에서 양성한 홈 헬퍼 수를 보면(도표1) 먼저 90년대에 급증한 것을 특징으로 꼽을 수 있다. 많을 때는 연간 1만 명이 넘을 정도로 급속도로 늘어났다. 하지만 2000년대에 들어서면서 점차 감소해 누계 인원도 제자리에 머물고 있다. 여기서 농협 헬퍼의 고령화를 추측할 수 있다. 다만, 3급 과정은 2003년부터 거의 제자리걸음인 데 반해 2급 과정은 2006년부터 증가세가 둔화하긴 했지만 매년 조금씩 늘고 있음을 알 수 있다. 이를 통해 장기 요양 보험 제도가 시작된 2000년 이후 헬퍼는 2급 이상으로 바뀌고, 헬퍼 양성의 성격이 가족 돌봄형에서 자원봉사를 포함한 공적 서비스 대응형으로 바뀌었음을 알 수 있다.

표1 서로 돕기 조직 및 설치 농협 수

	조직 수	설치 농협 수	설치 농협 비율	전체 농협 수
1992	10			
1993	36			
1994	111			
1995	247			
1996	348			
1997	382			
1998	622			
1999	747			
2000	954	591	41.9	1,409
2001	947	587	49.7	1,182
2002	963	562	53.7	1,046
2003	979	540	57.0	947
2004	974	537	58.8	913
2005	954	510	57.6	844
2006	898	478	56.6	844
2007	859	445	54.4	818
2008	789	429	55.7	770
2009	716	392	52.9	741
2010	699	349	48.1	725
2011	678	330	45.6	723
2012	670	345	48.1	717
2013	666	338	48.1	717
2014	678	340	48.6	699
2015	641	314	46.2	679
2016	639	319	48.5	658
2016/2003	0.65	0.59	0.85	0.69

*JA전국농협중앙회 자료를 토대로 작성

농협 서로 돕기 조직의 추이를 보면(표1) 헬퍼 수의 증가와 함께 2000년의 장기 요양 보험 제도 도입을 앞두고 조직 수도 급증했음을 알 수 있다. 2004년에는 거의 60%에 달하는 농협에 서로 돕기 조직이 설치되었다. 하지만 2003년 979개를 정점으로 조직 수가 감소하기 시작하여 2016년 639개로 줄어들었다. 이와 함께 서로 돕기 조직이 있는 농

표2 농협 서로 돕기 조직의 현황 평가 추이

	2004년		2014년		2015년		2016년	
	조직 수	%	조직 수	%	조직 수	%	조직 수	%
순조롭게 확대	231	32.7	82	12.9	73	11.9	66	10.9
현상 유지	256	36.2	453	71.3	463	75.8	464	76.4
활동 축소			88	13.9	62	10.1	68	11.2
활동 없음	133	18.8	12	1.9	13	1.5	9	1.5

*JA전국농협중앙회 자료(2004년은 〈JA서로 돕기 조직 활동 지침서〉 전국농협중앙회)
주: 2004년은 '현상 유지', '활동 축소'가 합쳐진 '정체·저하'로 표현됨

표3 서로 돕기 조직의 협력 회원 추이

	2013년	2014년	2015년	2016년
협력 회원 수	41,070	35,494	35,847	36,974
남성	-	508	440	1,402
여성	-	32,442	35,407	35,572
헬퍼(1·2급)	-	12,731	10,570	10,192
간호사·보건사	-	168	150	157
요양 보호사	-	607	398	392

* JA전국농협중앙회 자료

협의 비율도 58.8%에서 48.5%로 감소했다. 서로 돕기 조직의 현황 평가를 살펴봐도(표2) '순조롭게 확대'는 줄어들어 2016년에는 10% 정도에 그치고, '현상 유지'가 약 76%, '활동 축소'가 10%를 기록했다.

또, 표에는 나와 있지 않지만 '현상 유지', '활동 축소'를 이유로 '회원 감소'를 꼽는 농협이 2015년에 213곳(약 43%)으로 나타났다. 농협의 서로 돕기 활동은 헬퍼의 고령화가 크게 영향을 미쳐[11] 활동이 정체되

---

11 今井, 앞의 논문, 83p.

표4 　요양 보험 사업을 펼치고 있는 농협 수 추이

		2000년	2001년	2002년	2003년	2004년	2005년	2006년
방문 요양		131	336	332	330	330	332	318
주야간 보호		37	56	57	65	81	96	106
재가 보호		108	155	165	176	196	126	220
복지 용구 대여		73	129	146	156	166	171	159
복지 용구 판매		-	-	-	-	-	-	105
방문 목욕		12	17	14	16	18	16	15
단기 보호		-	-	-	-	-	-	-
지역 밀착형 서비스		-	-	-	-	-	-	-
지역밀착형 내역	야간 대응형 방문 요양	-	-	-	-	-	-	-
	치매 대응형 주야간 보호	-	-	-	-	-	-	-
	규모 다기능형 재가 보호	-	-	-	-	-	-	-
	위성형 소규모 다기능형	-	-	-	-	-	-	-
	치매 대응형 공동 생활 보호	-	-	-	-	-	-	-
	정기 순회 수시 대응형 방문 요양 간호	-	-	-	-	-	-	-
요양 보험 사업을 추진 중인 농협 수		362	363	362	362	361	364	356
전체 농협 수		1,409	1,182	1,046	947	913	886	844
전체 농협 수에서 차지하는 비율		25.7	30.7	34.6	38.2	39.5	41.1	42.2

*JA전국농협중앙회 자료를 토대로 작성

고 그 수가 줄어드는 과정에 들어섰다고 추론할 수 있다. 서로 돕기 조직의 중심 역할을 하는 것은 협력 회원이고 이 밖에 이용 회원, 찬조 회원이 있는데, 협력 회원의 최근 추이를 보면(표3) 전체적으로 감소 혹은 정체하고 있다. 특히 헬퍼, 요양 보호사 등 자격 보유자가 감소세이다.

농협의 장기 요양 보험 사업

농협의 고령자 복지 사업과 활동은 서로 돕기 조직이 펼치는 무상 자원봉사 활동과 장기 요양 보험 및 기초 자치 단체 위탁 사업과 같은 공적

2007년	2008년	2009년	2010년	2011년	2012년	2013년	2014년	2015년	2015년%
312	304	294	284	273	271	264	238	239	88.5
114	118	119	124	128	135	143	141	146	54.1
237	241	235	231	229	229	227	212	214	79.3
158	140	113	110	99	95	86	65	77	28.5
129	123	102	95	86	84	77	63	76	28.1
15	17	16	16	13	12	10	7	6	2.2
-	-	-	5	-	8	10	11	12	4.4
-	-	-	12	-	21	23	25	28	10.4
-	-	-	1	1	2	0	0	0	0.0
-	-	-	12	10	9	9	7	6	2.2
-	-	-	8	8	9	12	15	18	6.7
-	-	-	-	-	0	0	2	3	1.1
-	-	-	5	4	8	6	8	6	2.2
-	-	-	0	0	0	1	1	1	0.4
348	344	327	315	304	299	292	-	270	100
818	770	741	725	723	717	703	699	679	-
42.5	44.7	44.1	43.4	42.0	41.7	41.5	-	39.8	-

서비스 사업 그리고 공적 서비스 외의 유료 고령자 생활 지원 사업이라
는 세 가지로 분류할 수 있다. 사업 면에서 가장 큰 비중을 차지하는 것
은 장기 요양 보험 사업이다. 장기 요양 보험 제도는 현재 제도 개편기
인데, 농협의 요양 보험 사업 현황은 다음과 같다.

먼저, 2015년 시점에서 장기 요양 보험 사업을 추진하고 있는 농협
은 270곳으로 전국 농협의 약 40%에 이른다(표4). 2000년에 제도가 도
입된 이래 점차 증가했으나 2008년 약 45%를 정점으로 감소세로 돌아
섰다. 장기 요양 보험 사업을 하는 농협의 지역 특징을 보면, '사업을 전

표5 농협의 장기 요양 보험 사업 취급액 비율 추이 (%, 백만 엔)

년	2000	2001	2002	2003	2004	2005	2006	2007	2008	2009
방문 요양	55.4	59.0	60.3	57.9	53.6	49.8	46.9	46.7	43.7	41.4
주야간 보호	32.9	27.4	25.0	24.2	28.0	32.0	33.8	36.0	38.3	40.2
재가 보호	6.5	6.4	6.6	8.1	8.4	8.7	10.3	9.6	9.8	10.7
복지 용구 대여 판매	3.7	5.8	7.2	8.8	9.0	8.5	8.2	7.0	7.3	6.9
방문 목욕	1.4	1.3	1.0	0.9	1.0	0.9	0.8	0.8	0.9	0.7
합계 (100%)	7,353	12,062	16,259	20,754	22,000	23,792	23,709	22,840	23,128	24,845

*JA전국농협중앙회 자료

개하는 중심 지역이 '농촌'이어서 인구 밀도가 낮고, 방문 요양에 소요되는 이동 비용이 높은 데다 요양 급여에 대한 지역 가산도 없어 '수지상 불리한 사업 환경'을 지적하는 목소리도 있다.[12]

두 번째로 방문 요양 사업을 하는 농협이 가장 많은데, 장기 요양 보험 사업을 펼치는 농협의 약 90%가 이 사업을 하고 있고 비율은 시작 당시부터 일관되게 높았다. 해당 사업은 인건비의 비중이 높아 '일정 량의 사업을 확보하는 것이 중요'하고, 이용자와 헬퍼의 노동력을 둘 다 확보해야 하는 문제가 있다. 농촌이라는 사업 환경에 더해 헬퍼의 고령화로 농협의 요양 보험 사업은 힘든 상황이다.[13]

---

12 小田志保, 〈JAの介護保険事業の現段階の課題と対応〉, 《農林金融》, 2012. 4. 또한, 2000 년 시점의 자료라서 한계가 있지만, 농협은 "농촌보다도 경제적으로 수지가 맞는 정령 지정 도시(일본 지방 자치법 제12장 제1절 제252조의19 제1항에 따라 내각의 정령으로 지정된 일본의 시)외 도시를 중심으로 사업을 전개하고 있다. 농촌에서 요양 보호 서비스를 책임지고 있는 것은 중소 기초 자치 단체와 위탁을 받는 사회 복지 협의회다"라는 이견도 있다. 相川良彦, 《少子高齢化と農村》, 筑波書房, 2009, 203p.

13 小田 앞의 논문.

세 번째로 재가보호 지원 사업을 펼치는 농협이 늘어나 2008년에 최고치를 나타냈다. 비율로 보면 장기 요양 보험 사업을 하는 농협 비율은 일관되게 늘어 2015년에는 약 80%가 재가 보호 지원 사업을 하고 있다. 주야간 보호도 같은 추세로 현재 장기 요양 보험 사업을 펼치는 농협의 약 절반이 이 사업을 시행 중이다. 복지 용구 대여와 판매는 최근 감소세로, 30% 정도의 농협만이 이 사업을 하고 있다.

네 번째로 앞으로의 방향으로 제기되는 지역 밀착형 서비스는 점점 증가하고 있기는 하지만, 2015년 기준 28개 농협만 하고 있어, 장기 요양 보험 제도 개편에 대한 대응은 그다지 진전이 없다.[14] 2009년까지의 자료이긴 하지만, 농협의 장기 요양 보험 사업 취급액 추이를 보면 (표5) 2005년 이후 취급액이 답보 상태인 점, 방문 요양 사업의 비율이 일관되게 높긴 하지만 제자리걸음인 데 비해 주야간 보호가 늘어나 방문 요양과 비율이 같아진 점, 재가 보호 지원이 조금씩 늘어 약 10%를 차지하게 된 점을 알 수 있다.

정리하자면 장기 요양 보험 사업을 하는 농협은 약 40%로 정체 상태이고, 사업 내용은 방문 요양이 중심이지만 점차 주야간 보호나 재가 보호 지원을 하는 농협이 늘면서 사업이 고도화 및 전문화되고 있다. 바꿔 말하면 케어 매니저나 간호사, 요양 보호사와 같은 전문직이 늘고 있고, 주야간 보호 시설 등에 자본이 투입되고 있다는 것이다. 한편, 복지 사업이 전문화될수록 농협의 다른 사업과 전문성에 괴리가 발생해 노

---

14   2016년에 들어 정기 순회 및 수시 대응형 방문 요양에 2개 농협이 뛰어들어 총 3곳이 되었다. 기존 방문 요양에 더해 '앞으로 방문 서비스는 정기 순회와 일체화되어 이루어지는 흐름'을 보일 것이다. 〈変わる在宅介護—新サービスで利用者確保〉, 日本農業新聞, 2016. 11. 23.

무 관리상의 문제도 나타나고 장기 요양 보험 사업에 대한 진입 장벽이
높아질 수 있다는 것 또한 예상된다. 농협의 장기 요양 보험 사업은 농
촌 지역을 사업 구역으로 하고 있다는 특수성도 있어서 사업은 점차 고
도화와 전문화되고 있지만, 제도 개편에 대한 대응은 아직 미미한 상태
이다. 또한 서로 돕기 조직이 있는 농협도 50% 이하로 줄어들었는데 헬
퍼의 고령화 및 회원 감소로 서로 돕기 활동도 정체 및 감소 추세에 들
어갔다고 생각된다.

    그러나 나가노현의 JA아즈미는 활발한 서로 돕기 조직 활동을 토
대로 장기 요양 보험 사업에 참여하여, 방문 요양부터 주야간 보호, 재가
보호 지원 사업까지 추진하고 있는 것으로 유명하다. 지금부터는 JA아
즈미의 서로 돕기 조직을 기반으로 한 복지 사업 구조를 살펴보기로 하자.

3 _ JA아즈미 서로 돕기 활동의 발전과 복지 사업 구조 형성

JA아즈미와 구(舊) 미나미아즈미군

JA아즈미는 아즈미노시로 알려진 구 미나미아즈미군에 있는 지역 농
협이다. 메이지 대합병[15]을 계기로 마을마다 있었던 18개 농협의 합병
이 추진된 것이 1961년이고, 그중 15개 농협이 미나미아즈미군 농협으
로 합병된 것이 1966년이다.[16] 이후 남은 3개 농협 중 호타카아리아케

---

15 근대적인 지방 자치 제도 도입을 위해 1888년 실시된 행정 구역 통폐합을 말한다. 이로 인
    해 7만이 넘던 기초 자치 단체가 1만 5천 개로 정리되었다.(옮긴이)
16 《南安曇郡誌》第3卷 上, 1974, 710p.

표6 JA아즈미의 고령화와 농가 비율 (2010년, %)

	고령화율	농가율	겸업농가율	농업 취업 인구 고령화율
도요시나마치	26.2	13.3	73.5	73.4
호타카마치	25.7	14.8	70.8	71.9
미사토무라	24.3	20.3	59.5	65.0
호리가네무라	23.6	26.9	66.4	72.5
나가와무라	43.5	52.4	63.6	85.7
아즈미무라	25.7	5.0	-	-
아즈사가와무라	23.3	26.9	58.7	57.0
아즈미노시	25.9	17.3	68.5	71.2
나가노현	26.5	14.8	59.5	66.9
전국	23.1	4.9	58.6	61.6

*《2010년 인구주택총조사》《농림업 센서스2010년》에서 발췌 후 저자 작성
고령화율 = 65세 이상 인구 비율
농가율 = 총농가 수 / 가구 × 100
제2종 겸업 농가율 = 판매 농가 중 겸업농가 비율
농업 취업 인구 고령화율 = 65세 이상 농업 취업 인구 비율

농협과 나가와농협이 1982년에, 미사토무라유타카농협이 1989년에 합병하여 군내 모든 농협이 하나가 되었다. 행정 구역상으로는 2005년 미나미아즈미군의 도요시나마치, 호타카마치, 호리가네무라, 미사토무라가 히가시치쿠마군의 아카시나마치와 합병하여 아즈미노시가 되었고, 나가와무라, 아즈미무라, 아즈사가와무라는 마쓰모토시에 편입되었다. 따라서 JA아즈미는 구 아카시나마치를 제외한 아즈미노시 대부분과 마쓰모토시 일부를 관할로 하기 때문에 지금의 행정 구역과는 일치하지 않지만, 구 미나미아즈미군이 관할 지역이다.

　아즈미노는 북알프스 동쪽 기슭의 강줄기들이 만든 복합 선상지(扇狀地)에 위치한다. 이곳은 하천의 물이 대부분 지하로 스며들어 오래도록 농사를 짓기 어려운 땅이었다. 에도 시대 초부터 시작된 언막이 작

업으로 용수로와 논이 만들어지면
서 마을이 형성되었고, 에도 시대 말
에 이르면 마을 조합 언막이까지 만
들어진다. 이렇게 관개 시설 면적이
확대되면서 아즈미노의 경관은 크게
바뀌었고, 나가노현 내 유수의 곡창
지대로 변모했다. 산기슭에 위치한
미사토무라, 아즈사가와무라는 밭농
사 지대로, 제2차 세계 대전 이전에
는 뽕나무밭을 일구며 양잠업이 번
성했고 이후에는 사과 재배가 성행
했다. 호타카마치의 수원 지역은 와
사비 재배가 활발했다.

JA아즈미의 인구 고령화율은(표
6) 고지대에 인접한 마쓰모토시와 나
가와무라만 높고 전체적으로 나가노
현 평균 26.5%보다 약간 낮다. 농가
율은 고지대인 아즈미무라와 아즈미

표7 JA아즈미 개요

조합원 수	정회원(명)	12,386
	준회원(명)	3,912
	조합원(명)	16,298
	정회원(%)	76.0
	준회원(%)	24.0
	정회원 가구 수	8,879
	준회원 가구 수	2,707
사업 손익 비율	사업 총이익(천 엔)	3,431,817
	신용(%)	30.2
	공제(%)	23.5
	구매(%)	29.7
	판매(%)	8.0
	농업 창고(%)	1.5
	이용(%)	6.9
	여행(%)	0.3
	복지(%)	2.5
	지도(%)	△ 2.6
판매 사업 (천 엔)	쌀	2,912,956
	보리·잡곡·종자	564,927
	과수	2,520,272
	채소	1,043,256
	화훼·버섯	484,638
	축산	846,603

*JA아즈미 2015년 사업 보고서

노시 중심부의 도요시나마치와 호타카마치에서 낮지만, 나가와무라를
제외하고는 모두 20%대로, 도시 근교 농촌 지대라는 인상을 주며 제2종
겸업농가율도 높다. 제2차 세계 대전 후 경제 성장기에 공업 유치가 적
극적으로 이루어져 금속 기계 관련 기업이 진출하는 등 겸업 기회가 늘
어났다. 농업 취업 인구의 고령화율을 보면 미사토무라와 아즈사가와
무라를 제외하고는 나가노현 평균을 웃도는 70%를 넘는 지역이 많다.

표8   JA아즈미 서로 돕기 조직의 활동 내용과 장기 요양 보험 사업의 발전

구분	JA아즈미와 장기 요양 보험 사업	서로 돕기 조직 "안심"과 고령자 복지 활동
전기	1966년 미나미아즈미군 농협 설립 1967년 아즈미 농협으로 명칭 변경	1986년 부인부를 세대별로 재편 (후타바회, 미쓰바회, 요쓰바회)
		1990년 농협 부인부 '요쓰바회' 서로 돕기 제도 시작
발전·전개기	1998년 복지과 신설	1998년 생활의 서로 돕기 네트워크 "안심" 발족
		1999년 이키이키교실 1기 102명(1기 2년)
	2000년 JA 방문 요양 사업 시작 (장기 요양 보험 제도 시작)	2001년 '미니 주간 보호 서비스 안심 광장' 6곳(1년)
		2002년 제2기 이키이키교실을 통해 '후레아 이시 아즈미노 고즈쿠리하타케' 시작
	2003년 'JA아즈미 주야간 보호 사업소 안심 마을 니레'	2003년 제3기 이키이키교실(243명)
	2005년 '지정 재가 보호 지원 사업소 안심' 탄생	2004년 이키이키교실에서 '유채꽃 프로젝트 아즈미노' 시작
		2007년 이키이키교실 강좌에서 '낭독 자원 봉사 그룹' 탄생
		2009년 제6기 이키이키교실에서 '학교 급식에 식자재를 제공하는 모임' 시작
	2011년 'JA아즈미 안심 마을 미나미 호타카' 오픈	2010년 방문 주문 차량 안심호 …, '안심의 참모습 검토회'
전환기		2013년 제8기 이키이키교실 …, '동요와 창가 모임' 2013년 "안심" NPO법인 설립
		2016년 지역 서로 돕기 센터 안심 준공

* "안심" 자료를 토대로 작성

　JA아즈미의 현황을 보면(표7) 조합원 수는 16,298명이고 이 중 정회원이 76%이다. 판매 중심은 쌀이며 약 30억 엔 정도를 판매하고 있고, 다음으로 사과 등 과수가 약 25억 엔이고 채소가 약 10억 엔이다. 사업 손익은 신용이 약 30%를 차지하지만, 구매 사업이 공제보다 높고 판매 사업도 농업 창고를 포함해서 약 10%이다. 사업 총이익 전체에서 차지하는 복지 사업의 비율은 2.5%이다.

서로 돕기 활동의 발전과 복지 사업의 형성

JA아즈미의 서로 돕기 활동은 농협 부인부의 중, 고령자 모임인 '요쓰
바회'가 펼친 서로 돕기 활동에서 그 뿌리를 찾을 수 있다.[17] 부인부 활
동이 '후타바회', '미쓰바회', '요쓰바회'라는 3개의 세대별 모임으로 재
편된 것이 1986년인데, 협력 회원 100명, 이용 회원 2명으로 이루어진
서로 돕기 제도는 1990년에 발족했다(표8 참조). 사무국은 조합원과가
맡았다. 처음에는 요금제가 아닌 적립한 시간만큼 추후에 우선 사용할
수 있도록 하는 서비스 시간 적립 방식을 택했다. 1991년부터 나가노현
농협요양대학에서 헬퍼 양성 강좌를 시작했는데, 사무국이 아니라 협
력 회원이 참가한 곳은 JA아즈미가 유일했다. 협력 회원 희망자도 늘어
95년부터는 1시간당 700엔으로 유료화하고 부인부 이외의 참여도 가
능하게 했다.

1998년에는 장기 요양 보험 제도가 실시되는 2년 후를 내다보며
복지과를 신설했고, 부인부의 서로 돕기 제도는 회원제 유료 재가 서비
스인 'JA아즈미 생활 서로 돕기 네트워크 "안심"(이하, "안심")'으로 재편
했다. "안심"은 협력 회원 94명(전원 헬퍼 자격증 소지자), 이용 회원 47명,
찬조 회원 12명, 가입비 3,000엔, 연회비 1,000엔으로 발족했다. 부인부
의 서로 돕기 제도를 통해 양성된 인재가 "안심" 설립의 기초가 되었다.

"안심"은 장기 요양 보험 제도가 시행되기 전부터 유료 재가 서비
스를 제공하고 있었고 지금보다 중증 이용자가 더 많았다. 1999년에는

---

17   이후의 내용은 다음의 논문들을 참고했다. 池田陽子, 〈地域を結ぶ福祉〉, 《JA経営実務》, 全国共
      同出版(2010. 3.~9. 연재). 같은 저자, 〈明日へのあんしん〉, 日本農業新聞(2014. 4. 1.~2015. 3. 31.
      연재). 같은 저자, 〈安心して暮らせる地域づくりとJAの役割〉, 《JC総研レポート》, 2011, 봄,
      제17호.

70명이 382차례 사업을 이용했고, 활동 시간은 5,895시간이었다. 유료 재가 서비스는 이듬해 장기 요양 보험 제도의 시작과 함께 JA아즈미 지정 방문 요양 사업소 사업으로 이어져, 이용자와 협력 회원의 약 60%가 장기 요양 보험 제도 이용으로 넘어갔다.

JA아즈미의 고령자 복지 사업은 "안심"의 회원제 유료 재가 서비스와 장기 요양 보험 사업이라는 두 개의 축으로 이루어져 있다. 전자를 기초 혹은 토대로 하여 후자가 사업을 하는 이중 구조이다. 후자의 사업을 살펴보면 2000년 방문 요양 사업을 시작으로 2003년에 주야간 보호 사업소 '니레'[18]를 개설했고, 2005년에는 케어 매니저 2명을 두고 재가 보호 지원 사업을 시작하였으며, 2011년에는 주야간 보호 사업소 '미나미호타카'를 개설했다. 주야간 보호 시설 안심 마을 '니레'는 '안심 광장'(차후 설명) 활동을 접한 구 미사토무라가 농협에 복지 시설을 타진하였고, 그 결과로 만들어졌다. 장기 요양 보험 사업은 방문 요양이 주축이며, 주간 보호 시설이 두 곳이 있고, 재가 보호 지원 사업도 하고 있다. 이 밖에 아즈미노시 생활 관리 지도원 파견 사업과 같은 공적 서비스도 위탁받아 하고 있다.

"안심"은 2013년에 NPO법인격을 취득했다. JA아즈미의 서로 돕기 활동을 발전 단계별로 나누면, 1998년 이전을 '전기'(요쓰바회의 서로 돕기 그룹 활동), 네트워크 "안심"이 발족한 1998년~2012년을 '발전기', 그리고 2013년 NPO법인 취득 이후를 '전환기'로 구분할 수 있다(표8).

서로 돕기 활동과 조직의 발전

---

18 일본어로 느릅나무라는 뜻이다.(옮긴이)

'발전기'를 좀 더 자세히 살펴보면 1998년 "안심"이 발족한 뒤 회원제 유료 재가 서비스로 발전하면서 두 가지 방향의 새로운 전개가 나타났음을 알 수 있다. 새로운 전개란 '이키이키교실(生き活き塾)'과 미니 주간 보호 서비스를 말한다. 회원제 유료 재가 서비스와 이키이키교실, 미니 주간 보호 서비스는 장기 요양 보호 사업과 유기적으로 관계를 맺으며 농협다운 복지 사업을 만들어내고 있다.

먼저 이키이키교실은 조합원 배움의 장으로 조합원 102명이 참가한 가운데 1999년 제1기 이키이키교실을 열었다. 이키이키교실은 '먹거리, 농업, 환경, 복지'를 주제로 2년을 1기로 하여 월 1회, 총 22개 강좌를 여는데 수강료는 농협이 부담(복지과에서 사무국을 담당)하며 지금도 이어지고 있다. 단지 배우기만 하는 것이 아니라 활동으로 이어지는 점이 주목할 부분이다. 이키이키교실을 통해 조직된 활동으로는 '후레아이시 아즈미노 고즈쿠리하타케'(2002)[19], '유채꽃 프로젝트 아즈미노'(2004), '낭독 자원 봉사'(2007), '학교 급식 식자재 제공 모임'(2009), '동요와 창가 모임'(2013)이 있다. JA아즈미의 주간 보호 시설 '니레'의 앞마당에 있는 채소밭도 이키이키교실 참가자들이 땅 고르는 것부터 시작해 관리하고 있고, 시설 이용자들과 교류도 하면서 농협다운 주간 보호 서비스를 제공하고 있다. 이키이키교실은 지역의 인재를 발굴하는 장이며, 발굴한 인재를 새로운 활동으로 연결해 인재들이 성장할 수 있도록 지원하면서 지역 고령자들이 활동할 수 있는 무대를 넓혀가고 있다. 각각의 활동은 주간 보호 서비스나 '안심 광장'과도 연계되어 있어 지역에서 고령자 네트워크가 더욱 확장하는 중이다.

---

19   농산물 자급 확대를 위한 다섯 가지 운동.(옮긴이)

미니 주간 보호 서비스 '안심 광장'은 2001년 절 본당을 빌려 처음 개최되었다. 안심광장은 마을 회관과 같이 모이기 쉬운 장소에서 대체로 마을 단위로 열리는데, 내용이나 회비는 참가자들이 직접 정하며, 광장마다 담당 봉사자 주도로 개최된다. 첫해는 6곳에서 총 60회, 1,248명이 참가했다. 참가자는 80세 전후의 어르신들이 압도적으로 많았다. 현재 안심 광장은 27곳에서 연간 총 311회가 열리고 5,000명 가까운 인원이 참가한다. 담당 봉사자 양성과 교류를 위해 연 5회 담당 봉사자 대상 연수회도 열고 있다. 봉사자 중에는 보건 교사, 간호사, 전직 음악 교사나 체육 교사, 영양사, 전통 음식 연구가 같은 지역의 귀중한 인재들도 참가한다. 이러한 사람들에게는 자신들의 지역뿐만 아니라 다른 지역에서도 활동할 수 있도록 '안심 광장 코디네이터'라는 자격을 부여한다. 코디네이터들은 광장끼리 정보를 교환하는 역할을 맡으며, 공동 개최와 같은 아이디어를 내기도 한다. 당초 사랑방이자 고령자의 교류 공간이었던 안심 광장은 점차 각자의 아이디어나 독자성이 발휘돼, 계절 전통 음식 만들기를 기록으로 남기는 광장, 유휴 농지를 빌려 유채꽃을 심고 유채유를 만드는 광장 등 지역 고령자들이 활동하는 장으로 발전하고 있다.

4 _ JA아즈미 고령자 복지 사업의 내용과 관련 구조

"안심"의 활동과 이용 현황

회원제 유료 재가 서비스 "안심"의 발전 현황을 회원 수와 이용 추이를 토대로 나타낸 것이 표9이다. 먼저, 협력 회원은 점차 늘다가 2011년을 정점으로 2013년에 대폭 감소했다. 이용 회원은 2000년대 후반에 계속

표9 "안심"의 회원 수와 이용 현황

	회원 수(명)				유료 재가 서비스	
	협력 회원	찬조 회원	이용 회원	회원 합계	이용자 합계	활동 시간
1998년	94	12	47	153	28	2,672
1999년	114	12	47	173	70	5,895
2000년	127	36	60	223	77	1,786
2001년	136	38	61	235	100	2,384
2002년	142	46	65	253	162	2,489
2003년	163	52	73	288	270	3,606
2004년	167	58	81	306	359	3,925
2005년	168	62	90	320	355	4,424
2006년	170	68	94	332	364	4,278
2007년	175	102	101	378	523	5,764
2008년	184	120	106	410	632	7,460
2009년	206	118	103	427	573	6,452
2010년	224	119	98	441	627	5,998
2011년	232	115	102	449	682	6,114
2012년	228	115	116	459	664	6,095
2013년	123	207	102	432	741	6,581
2014년	126	204	128	458	678	6,239
2015년	128	210	108	446	642	5,236
2016년	119	210	144	473	-	-

* "안심" 자료를 토대로 작성

증가하여 100명대 초반에 머무르다 2013년 NPO법인이 되면서 다시 증가했다. 법인화를 계기로 이용 회원 확대에 힘을 쏟았기 때문이다.

2013년에 협력 회원이 큰 폭으로 감소하고 찬조 회원이 증가한 것은 협력 회원을 실제 활동하는 사람으로 한정하고 활동이 힘든 사람은 찬조 회원으로 돌렸기 때문이다. 협력 회원 대부분이 65세 이상이기 때문에 고령화로 활동할 수 없는 사람도 늘고 있다. 그러나 아직 이용 회

유료 재가 서비스 내역(%)					안심 광장		
신체 돌봄	장보기·식사·청소	세탁	바깥일	기타	장소	총 개최 횟수	총 참가 인원
8.5	72.5	14.3	4.7	-	-	-	-
5.5	68.6	18.1	7.8	-	-	-	-
1.1	54.2	30.1	11.5	3.1	-	-	-
2.1	56.4	25.6	11.6	4.3	6	60	1,248
1.7	44.1	26.3	6.5	21.4	15	138	2,400
1.4	57.1	28.1	5.1	8.3	18	248	5,100
17.6	56.1	22.1	3.6	0.6	20	253	5,500
20.0	60.1	16.0	2.4	1.5	21	282	5,600
19.3	62.1	12.4	1.6	4.6	22	300	5,800
15.9	65.0	9.7	6.8	2.6	24	325	5,900
15.3	70.8	9.0	3.5	1.7	24	310	6,000
26.0	58.0	9.7	4.4	1.9	25	325	5,700
14.1	67.4	10.5	6.8	1.2	26	310	5,700
7.2	72.0	9.8	8.6	2.4	26	320	5,700
4.0	81.5	5.2	7.4	1.9	26	300	5,200
6.0	70.6	5.2	16.7	1.5	25	350	5,400
6.9	64.8	3.9	21.9	2.5	27	300	5,000
11.2	63.3	4.5	16.1	4.9	27	311	4,550
-	-	-	-	-	-	-	-

원이 될 정도는 아니지만, 나중을 위해 찬조 회원에 적을 두는 사람도 있다. 이렇게 "안심"의 회원들은 '협력에서 이용으로'라는 고정적이고 일방적인 지원 관계가 아니라 미래에 내가 이용자가 될 수 있다는 것을 염두에 둔 순환의 관계임을 알 수 있다.

헬퍼 연수 2급 과정 1기생으로 "안심"의 협력 회원이었던 M 씨는 현재 이용 회원이다. "어려운 일이 생기면 가벼운 마음으로 함께 홈 헬

퍼 자격증을 땄던 동기들의 도움을 받으며 생활하고 있어요. 젊은 시절
부터 이 활동에 참여했던 덕에 나이가 들면 어떻게 생활해야 하는지,
"안심"을 어떻게 이용해야 하는지 자연스럽게 깨우치게 되었죠. 부탁
하기도 쉽고요."[20] 이러한 협력에서 이용으로라는 순환 관계는 복지 제
도의 대상이 되는 데 저항감이 강해 복지 서비스를 덜 이용하는 농촌에
서 특히 효과적이다.[21]

　유료 재가 서비스 활동 시간은 장기 요양 보험 제도가 시작된 2000
년에 크게 줄어드는데, 이는 이용자가 장기 요양 보험 사업으로 옮겨갔
기 때문이다. 이후 유료 재가 서비스 활동 시간은 장기 요양 보험을 받
쳐주며 순조롭게 증가하다가 2008년에 한 번 정점을 찍는다. 유료 재가
서비스 활동 시간은 NPO가 된 이후에도 재차 증가세를 보이는데, 이는
"사업에 대한 의식이 높아졌고, 장기 요양 보험 제도 개정으로 지역 포
괄 케어 및 지자체와의 관계가 늘어났기 때문이다. 임의 단체에서 NPO
법인으로 전환하면서 지역에서 수행할 역할을 강하게 의식하게 되었고
이용 회원 확대에도 힘을 기울"[22]인 결과로, "안심"이 NPO법인이 된 후
'전환기'를 맞고 있음을 엿볼 수 있는 대목이다.

　서비스 현황을 보면 주요 사업은 '장보기 · 식사 · 청소'와 같은 가사
지원이 일관되게 중심을 이룬다. '신체 돌봄'은 장기 요양 보험 제도가 개
정되면서 최근 줄어드는 경향을 보이는데, 관련 서비스가 장기 요양 보험

───────────

20　池田, 〈地域を結ぶ福祉〉,《JA経営実務》, 2010. 4.

21　相川, 앞의 책(2000년), 129p, 142p. "농촌의 전통적인 상부상조 정신에는 일방적 공여가
　　원칙인 복지 자원 봉사와 어울릴 수 없는 부분이 있다. 상부상조는 서비스를 받으면 그만
　　큼 돌려주는 것이 법칙이라서 받기만 하는 것은 심리적으로 부담된다. 나중에 내가 (서비
　　스를) 받을 때의 심리적 부담을 덜기 위해 지금 어르신들을 돌봐드리자…".

22　NPO법인 "안심"의 이케다 이사장의 이야기.

으로 넘어갔기 때문이다. '세탁'이 줄어든 것은 병원 내부의 의뢰가 줄었기 때문이고, 근래에 '바깥일'이 늘어난 것은 고령화가 진전되어 노인 간 돌봄이 늘어난 탓에 집 주변 정리나 풀베기와 같은 요청이 증가한 탓이다. 기타로는 미용 관련 수요가 있었는데, 현재 주간 보호 서비스 중 하나로 제공할 수 있게 되어 "안심"에서 미용사를 파견하고 있다.

"헬퍼의 능력이 높아야 가사 지원을 할 수 있다"고 "안심"의 이케다 요코(池田陽子) 이사장은 말한다. "1시간 동안에 어떤 일을 해 달라는 요청을 받았을 때, 요청받은 일만 하는 것이 아니라 집과 부엌의 배치나 구조, 가족의 상황까지 종합적으로 판단하여 필요한 지원을 하기 위해서는 고도의 생활 능력이 필요합니다. 전문적인 기술도 필요하지만, 종합적인 생활 능력이 있어야 가사 지원을 할 수 있습니다." 이케다 이사장의 이 발언은 생활의 한 단면만 잘라내어 지원하는 부분적 가사 지원에 그치지 않으려면 헬퍼는 전문 기술과 능력에 더해 종합적 생활 능력이 필요하다는 점에서 시사하는 바가 크다. 장기 요양 보험 제도가 신체 돌봄을 우선하도록 짜여 있고, 게다가 돌봄 행위는 각각 독립된 업무로서 설계되어 있기에 "요양 보험 대상자들의 내적 발달과 관련된 돌봄은 외면"받고 있다는 점을 상기하면[23] 제도 밖의 이러한 실천이 장기 요양 보험 제도를 뒷받침할 수 있도록 중심을 잡고 있어야 한다.

표9의 안심 광장에 대해 살펴보면, 장소는 점차 늘고 있고 개최 횟수도 증가하다가 안정세로 바뀌고 있는데 최근 참가 인원은 줄어들고 있다. 이는 광장 참가자뿐만 아니라 담당 봉사자까지 고령화하고 있기 때문이다. 참가자 대다수가 80~90대로 고령화로 인해 감소하고 있다.

---

23 4번 각주 참조.

처음에는 개최 장소가 마땅치 않아 농협 지소 2층을 빌리는 경우도 많
았는데 이후 장소를 바꿔가면서 50개 마을 50곳 정도에서 개최하다가
지금은 27곳으로 안정화되었고 마을 회관 등에서 많이 열린다.

유료 서비스인 "안심"이 헬퍼와 고령자를 점으로 이어준다면, 광
장은 마을 단위를 면으로 커버하며 고령자와 고령자를 잇는 복지 네트
워크를 만들고 있다. "매월 개최일이 되면 당연한 듯 안심 광장에 나오
는 사람들이 늘고 있습니다. 하지만 활동이 오래도록 이어지다보니 병
에 걸리거나 돌아가시는 분도 나오고 있어요. 자리가 비어 있으면 '오늘
은 언니가 안 보이네' '몸이 안 좋대' '마치면 과자라도 사서 들러볼까'
라는 대화가 자연스럽게 오갑니다. 모두의 생활 속에 광장이 뿌리를 내
리고 있다고 할 수 있죠."[24]

"안심" 헬퍼들의 모임, 마을을 면으로 커버하는 안심 광장, 배움을
통해 고령자의 주제별 지역 활동을 연결해 주는 이키이키교실, 이들이
JA아즈미 고령자 복지 사업의 저변을 이루면서 활동의 깊이를 더해주
고 있다.[25]

JA아즈미 장기 요양 보험 사업의 현 단계

JA아즈미의 장기 요양 보험 사업은 총무 개발 사업부 복지과가 담당하
고 있다. 사업소는 4개로 나누어져 있고(방문 요양 사업소, 재가 보호 지원

24   池田,〈地域を結ぶ福祉〉,《JA経営実務》, 2010. 5.
25   농협의 서로 돕기 조직 활동으로 "많은 고령자가 '지역에 아는 사람이 늘어 안심이다'라
      고 평가했다"는 조사 결과가 있다. 朝倉美江,〈リスク社会におけるJAの助け合い活動
      の役割と展望─《JAの助け合い活動に関する調査研究》から〉,《共済総合研究》제52호,
      2008.

표10 JA아즈미 장기 요양 보험 사업의 이용 추이 (명, 시간)

	방문 요양		주간 보호		재가 보호
	이용자	활동 시간	니레	미나미호타카	이용자
1998년	-	-	-	-	-
1999년	-	-	-	-	-
2000년	454	10,775	-	-	-
2001년	848	18,956	-	-	-
2002년	1,008	23,463	-	-	-
2003년	1,099	26,859	105	-	-
2004년	1,183	30,662	466	-	-
2005년	1,400	33,004	549	-	323
2006년	1,589	36,357	630	-	639
2007년	1,566	34,374	658	-	764
2008년	1,643	34,261	652	-	881
2009년	1,701	35,390	647	-	796
2010년	1,780	34,752	642	-	859
2011년	1,971	32,657	465	522	955
2012년	2,064	30,504	350	719	1,274
2013년	2,139	32,297	400	711	1,427
2014년	2,086	30,413	353	741	1,481
2015년	2,026	28,699	304	702	1,630

*JA아즈미 자료를 토대로 작성

사업소, 안심 마을 니레, 안심 마을 미나미호타카), 정직원 5명, 임시직 4명, 농협이 고용한 파트타임 5명, 복지과가 고용한 파트타임 53명의 총 67명 체제이다. 조직 담당자 3명(NPO "안심" 사무국 파견 1명, 이키이키교실 사무국 2명) 이외에는 각 사업소에 배치되어 있다.

자격증 보유 상황은 헬퍼 2급 57명, 1급 2명, 요양 보호사 37명, 요양 지원 전문원 8명, 주임 요양 지원 전문원 2명, 간호사 6명이다. 간호사만 외부 양성자를 채용하고 있고 나머지는 농협이 양성한 인재로, 헬퍼 → 요양 보호사 → 요양 지원 전문원이라는 순서로 역량 강화를 도

모하고 있다. 복지과에서 고용
한 파트타임을 제외한 직원들
의 임금과 취업 체계는 같으며
(전문직은 가산), 전문성이 다 달
라서 인사이동은 없다. 방문
요양 사업소는 헬퍼 31명(상근
3명을 포함한 요양 보호사 21명, 헬
퍼 2급 9명, 초임자 연수 1명)[26]으
로, 약 절반 가까운 인원을 배
치해 24시간 365일 가동한다.
재가 보호 지원 사업소는 처
음 2명에서 시작해 2015년 6
명 체재가 되었다. '니레'는 치
매 대응형(정원 12명) 시설이고
'미나미호타카'는 일반형 주야

표11 JA아즈미 복지 사업의 추이 (천 엔)

	복지 사업		
	수익	비용	총이익
1999년	1,378	3,408	▲2,030
2000년	31,562	24,276	7,286
2001년	55,657	39,667	15,990
2002년	66,219	47,784	18,435
2003년	84,659	51,574	33,085
2004년	130,725	66,617	64,108
2005년	153,987	73,098	80,889
2006년	164,880	80,960	83,920
2007년	165,339	81,208	84,311
2008년	170,280	83,969	86,311
2009년	182,274	90,580	91,594
2010년	185,470	93,109	92,361
2011년	233,290	103,603	129,687
2012년	217,146	117,805	99,431
2013년	233,798	128,666	105,132
2014년	233,058	125,576	107,482
2015년	231,104	126,5065	86,598

*JA아즈미 연도별 사업보고서

간 보호 시설(정원 19명)로 간호사가 각각 3명씩 배치되어 있다.

장기 요양 보험 사업의 이용 추이를 보면(표10), 2000년 방문 요양
사업에 뛰어든 후 이용자는 점차 늘어 2,000명을 넘어섰고 활동 시간은
2006년 정점을 찍은 뒤 최근 감소세를 보이고 있다. '미나미호타카'의
주간 보호 서비스 이용자는 700명대를 유지하고 있지만 '니레'는 2011
년부터 이용자를 줄이고 있으며, 재가 보호 지원은 순조롭게 이용자가

---

26 2013년 법 개정에 따라 헬퍼 1급은 '개호 복지사 실무자 연수'로, 2급은 '개호 직원 초임자 연
    수'로 자격 시험이 개편되었기 때문에 헬퍼 2급과 초임자 연수는 동일한 자격 급수다.(옮긴이)

늘고 있다. 니레의 이용자 감소는 2011년에 '미나미호타카'가 설립되었기 때문이다. 경증 이용자를 '미나미호타카'로 옮기고 니레는 정원을 15명에서 12명으로 줄이면서 지역 밀착형 서비스에 해당하는 치매 대응형 주야간 보호(표4 참조)로 전환했기 때문이다. 여기에 방문 요양 이용 실태는 신체 돌봄과 가사 지원이 반반 정도이다.

다음으로 JA아즈미 복지 사업의 손익(장기 요양 보험 사업+지자체 위탁 사업)을 보면(표11), 2011년에는 수익이 2억 3,000만 엔을 넘어 약 1억 엔의 사업 총이익을 창출했다. 2015년 수익이 거의 2,000만 엔이나 감소한 것은 요양 급여 단가가 바뀌었기 때문이다. 방문 요양과 주야간 보호 2개 사업에서 각각 1,000만 엔 가까이 수익이 감소했고 주야간 보호 사업은 2015년도에 적자를 기록한다.

2017년부터 일상생활 자립도가 높은 수급자[27]에 대한 지원은 지자체 사업으로 이관되었는데, 요양 보호에서 요양 예방으로 넘어간 비율이 방문 요양에서 38%, 미나미호타카에서 31%, 재가 보호 지원에서 21%이다(2015년 12월). 이용자의 20~40%가 요양 예방 서비스를 이용하고 있고, 방문 요양에서 차지하는 비율은 15% 정도 되지만, 수익에서 차지하는 비율은 약 10%에 불과하다.[28]

제도 개정으로 이 요양 예방 서비스는 지역 지원 사업 즉, 지자체 사업으로 이관되어 급여 단가가 더욱 낮아질 것으로 보여, 새로 위탁을 받

27　정확히는 일본의 장기 요양 등급 중 요지원(要支援) 수급자를 말하며 '요양 예방 서비스' 이용 대상을 말한다. 중증 대상자는 요개호(要介護)라고 칭하며 '요양 보호 서비스'의 대상이 된다.(옮긴이)

28　〈創立50周年JAあづみ地位福祉フォーラム〉,《JA介護保険事業活動計算書(平成27年度・JAあづみ)》

아도 경영면에서는 상당히 어려워질 것으로 예상된다.

방문 요양 사업에도 요양 예방 서비스를 제공할 수 있는 NPO "안심"이 있다는 것이 JA아즈미의 강점이다. 장기 요양 보험 사업은 가산이 붙는 중증 수급자 중심으로 전환하고, NPO "안심"이 경증 대상자를 담당하는 새로운 분업 관계로 재편될 전망이다.

"안심"의 NPO 법인화와 JA아즈미

이제 요양 예방 서비스는 지자체의 지역 지원 사업으로 이관될 뿐만 아니라 지역 포괄 케어 시스템 체재 아래서의 내실 강화가 필요하다. 농협의 장기 요양 보험 사업은 생활 지원 서비스의 지역 재편과 관련한 내용을 전략에 포함해야 하는 상황에 직면했다.[29] JA아즈미에는 NPO 법인 "안심"이 있다. 하지만 "안심"도 법인화를 계기로 시와의 관계가 증가하면서 전환기에 들어섰고, 농협의 장기 요양 보험 사업은 "안심"과 새로운 관계를 형성해야 하는 단계이다.

"안심"은 농협 부인부의 서로 돕기 제도로 시작한 JA아즈미의 조합원 조직 중 하나였다. NPO 법인화로 농협으로부터 조직적으로 자립했지만, 정식 명칭은 '특정 비영리 활동 법인 JA아즈미 생활 서로 돕기 네트워크 "안심"'으로 이름에 'JA아즈미'를 사용하고 있다. JA아즈미의 2014년 사업 보고서의 조합원 조직 부분에도 다른 조합원 조직과 구분하긴 했지만 아직 "안심"이 들어가 있다.

하지만 "안심"의 사업 실적을 보면 2016년부터 아즈미노시의 생

---

29 東公敏, 〈介護報酬改定から見えること―総量規制 / 複合シフト / 地域内統合〉, 《文化連情報》 No.444, 2015. 3. 같은 저자, 〈農協支所は安心の地域づくりの拠点〉, 《文化連情報》 No.452, 2015. 11.

활 지원 코디네이터 사업 중 도요시나 지구를 위탁받는 등 점차 시와의 접점이 늘어나는 추세이며 사업 의식도 높아져 이용 회원 확대에 힘을 쏟고 있다. 또한 "안심"은 농협과는 별개로 지역에서의 역할을 강하게 의식하고 있다. 2015년 NPO "안심"의 결산서 중 사업 수익 부분을 보면 유료 재가 서비스는 1,000만 엔으로 나타났지만, 안심 광장 등 기타 사업을 포함하면 약 2,000만 엔이 넘고 있어 NPO 법인화 이후 사업은 순조롭게 확대되고 있음을 알 수 있다.

NPO 법인 전환은 조직 면이나 사업 실적 면에서도 "안심"과 농협의 관계에 변화를 초래한다. "안심"의 재택 서비스나 안심 광장, 이키이키교실 활동이 농협 복지 사업의 저변을 이루고, 장기 요양 보험 사업과 "안심" 사업이 유기적으로 관계를 맺으며 복지 사업을 지역에서 전개해나간다는 데는 변함이 없다. 그러나 JA아즈미는 처음 조합원 조직으로 출발한 "안심"과는 다르게 자립한 조직과의 연계라는 관점으로 NPO 법인 "안심"과 새롭게 관계를 맺어가야 할 단계에 접어들었다. "농협과의 관계에 대해서는 고민 중입니다. JA아즈미라는 이름은 쓰고 있지만, 한층 치열해진 경영 환경 속에서 사업을 우선시할 수밖에 없는 지금의 농협은 지역 활동에 한계가 있습니다. 하지만 농협의 원점인 '지역 협동조합'의 성격을 갖는 활동과는 연계하고 싶어요. NPO로 독립 법인이 되면서 일정한 거리를 두게 되니까 연계하기가 쉬워졌어요." 이러한 "안심" 이사장의 말 속에서 연계 방식에 대한 고민을 엿볼 수 있다. 예전처럼 농협 내부 조직이 아니라 농협으로부터 자립한 NPO법인 "안심"과의 조직적 연계와 관계 구축이 요구되는 때이다. 이는 장기 요양 보험 제도가 개편되는 상황에서 농협의 고령자 복지 사업을 재편하는 차원에서도 필요하다.

5 _ 복지 협동의 발전과 농협의 전망

"안심"의 회원제 유료 서비스는 협력 회원이 언젠가는 이용 회원이 된
다는 호조(互助) 또는 '상부상조'의 논리를 장기적인 서로 돕기 협동으
로 재조직한 것이라 할 수 있다. 같은 지역에 사는 사람끼리 '서로 돕는
다'는 논리에서는 전문성만 전제된다면, 시장이나 국가 제도가 제공하
는 복지 서비스에 비해 더욱 섬세한 부분까지 손이 가고 마음이 통하는
서비스를 제공할 수 있다. 급여 단가 역시 장기 요양 보험 제도나 시장
과는 다르게 설정할 수 있다.[30]

안심 광장은 담당 봉사자를 발굴하여 고립되기 쉬운 고령자끼리
이어주었고, 이키이키교실은 고령자가 활동할 수 있는 무대를 지역 안
에 만들었다. "안심"의 이런 활동은 농협의 장기 요양 보험 사업의 밑바
탕이 되어 유기적으로 연결되었다. 이키이키교실 학생들은 주간 보호
시설 앞마당에 텃밭을 일구고 관리했고, 시설을 이용하는 고령자와 교
류하면서 우리들의 주간 보호 서비스라는 의식을 키웠다. 주간 보호 서
비스는 이키이키교실의 다른 활동(동요와 창가 모임 등)도 다양하게 관계
했다. "주간 보호 서비스는 농협 직원만으로 운영하기 어렵고 "안심"은
꼭 필요한 존재"(복지과 과장의 이야기)이며, "안심"의 활동이 농협다운
복지 사업 구조를 만들어냈다.

하지만 현재 장기 요양 보험 제도뿐만 아니라, 의료와 돌봄이 연계

---

30 相川, 앞의 책(2000년), 289쪽. "호조의 논리는 화폐로 환산할 수 없는 것까지 교환할 수 있
으며, 결제까지 긴 시간이 걸리고 이를 갚는 방식은 화폐가 아니라 사회 문화적 가치(예를
들어 감사, 답례)가 담긴다는 측면에서 시장 거래와는 다르다…" 복지클럽생협에서는 이를
'커뮤니티 가격'이라고 부른다. 본문 4장 참조.

하는 지역 포괄 케어 시스템 구축을 위해 고령자 복지 사업은 재편 국면을 맞이하는 중이다. 그 배경에는 앞으로의 고령화에 대비해 의료비와 요양비를 억제하려는 정부의 의도가 깔려 있다. 경증의 요양 급여 수급자를 급여 대상에서 제외해 지역에 떠넘기고, 재가 보호와 간호를 지탱할 수 있는 지역의 복지 자원을 총동원한다는 방향이다.

이미 JA아즈미의 복지 사업도 이 재편의 소용돌이 속에 있다. 장기 요양 보험 사업은 급여 단가 개정으로 수익이 줄어들었고 주야간 보호는 적자이다. NPO 법인이 된 "안심"은 아즈미노시에서 생활 지원 코디네이터 사업을 위탁받는 등 지자체와의 관계를 강화하여 조직 면이나 사업 면에서 한층 더 자립하기 위해 애쓰고 있다. 또한, 제도 개편에 발맞춰 농협의 장기 요양 보험 사업은 중증 이용자 대상으로 전환하고 경증 이용자는 NPO "안심"이 맡는 새로운 분업 관계도 모색하고 있다. 농협과 내부 조직 차원이 아닌 지역의 고령자와 늘 함께하는 농협과 NPO로서 제도 재편에 발맞춰 새로운 조직간 연계가 필요한 시점이며, 방향성 모색은 이미 시작되었다. 개편 방향을 예의 주시하면서 농협의 복지 사업 전략을 수정할 필요가 있는데[31], 이때, 농협 지소의 기능을 포함한 고령자 지원을 농협 전체의 과제로 삼아야 한다.

지역의 고령화 확대로 농협의 고령자 복지 활동과 사업은 복지 사업에 그치지 않는 확장성을 지닌다. 농업 취업 인구의 고령화율은 70%(아즈미노시가 71.2%)를 넘어서는 등 농업은 이제 고령자 산업이 되었다. 나이가 들어도 건강하게 현역으로 농사를 지을 수 있도록 이를 뒷

---

[31] 東, 〈農協支所は安心の地域づくりの拠点〉, 앞의 논문.

받침해주는 건강 관리 활동과 '농업의 복지력'[32]이 점점 중요해지고 있다. 복지 사업의 존재가 돌봄에 대한 가족의 부담을 덜어주고 가족 노동력을 영농 활동에 쏟게 할 수 있을 뿐 아니라, 고령자가 직접 키운 채소를 직판장에서 파는 등의 영농 행위 자체가 고령자 활동의 일환이 되는 추세다. 신용, 공제, 경제 담당을 포함한 모든 지소 직원이 일상 업무 속에서 고령자의 안부를 확인하고 고충을 상담하여 이를 복지 관련 사업자에게 연결해줄 수 있다면, 지소는 '고령자 지킴이 거점이자 창구'가 될 것이고 복지 사업은 농협 전체의 과제로 확대될 것이다.

JA아즈미에서 "안심"은 다른 농협 사업이나 농협 조직 전체에 어떠한 영향을 주고 있는가. 복지 사업은 농협 안에서 어떠한 위치에 있는가. 이 연구는 앞으로의 과제이다.

32　池上甲一,《農の福祉力》, 農山漁村文化協会, 2013.

제3장

'오타가이사마' 활동과 지역 만들기

모리 다카노리

1 _ 들어가며

생협시마네 조합원들이 2002년 시작한 유료 서로 돕기 시스템 '오타가이사마(おたがいさま)'[1]는 현재도 계속 확장되고 있는 중이다. '오타가이사마'는 일상생활 중 누군가의 도움이 필요할 때 도와줄 수 있는 사람을 찾아 양쪽을 연결해 '일'을 해결해주는 시스템이다. 유료인 이유는 이용자가 1시간에 800엔을 내면 600엔은 지원자가 받고 200엔은 운영 자금으로 사용하는 식으로 돈이 매개되기 때문이다.

'오타가이사마'는 표1과 같이 2016년 기준 10개 광역 자치 단체에 20개 조직으로 확대되었고 이용 시간도 10만 시간에 이른다. 2016년 11월에는 180명 이상이 참가한 가운데 전국 '오타가이사마' 교류회가 마쓰에에서 개최되었다.

---

1   피차일반, 서로가 서로에게 신세를 지게 되는 같은 처지라는 뜻이다.(옮긴이)

표1   전국 '오타가이사마' 일람

	15년 지원 시간	시작 연도	소재지	설립 모체
생협코프미라이·오타가이사마	29,386.0	1999	지바시	구 코프지바
코프오타가이사마 이즈모	9,681.5	2002	이즈모시	생협시마네
코프오타가이사마 마쓰에	9,336.0	2004	마쓰에시	생협시마네
코프오타가이사마 운난	6,519.5	2005	운난시	생협시마네
코프오타가이사마 오다	6,204.0	2009	오다시	생협시마네
코프기후·오타가이사마 히다	5,792.0	2009	다카야마시	코프기후
코프오타가이사마 미나미카가	2,543.0	2012	고마쓰시	코프이시카와
오타가이사마 나카가와라	908.0	2012	스모토시	사회복지법인 · 연합 마을자치회
오타가이사마 다카마쓰	10,616.0	2012	다카마츠시	코프가가와
오타가이사마 주산	3,008.0	2013	마루가메시	코프가가와
오타가이사마 시모노세키	1,186.2	2013	시모노세키시	코프야마구치
코프오타가이사마 가나자와	1,453.0	2014	가나자와시	코프이시카와
코프오타가이사마 노토	333.5	2014	나나오시	코프이시카와
코프기후·오타가이사마 동부	3,156.5	2014	다지미시	코프기후
오타가이사마 하마다	829.5	2014	하마다시	생협시마네
후레아이코프·오타가이사마	1,655.0	2014	우쓰노미야시	사회복지법인 후레아이코프
코프오타가이사마 마치나토	1,010.0	2015	우라소에시	코프오키나와
오타가이사마 도쿠시마	2,775.0	2015	도쿠시마시	코프도쿠시마
오카가이사마 마스다	34.5	2015	마스다시	생협시마네
오타가이사마 오키	136.0	2015	오키노시마초	생협시마네
계	97,769.0			

*2016년 11월 전국 '오타가이사마' 교류 모임 자료

  가장 먼저 '오타가이사마'를 시작한 시마네에는 7개의 '오타가이
사마'가 활동하고 있고 이용 시간도 3만 시간을 넘어섰다. 이 시간은 현
재 대부분의 생협에서 활동 중인 '서로 돕기 모임'과 비교하면 조합원
한 사람당이나 지자체 인구 1명당으로 환산해도 월등하게 높은 수치이
다(2015년 이용시간은 코프고베 '서로 돕기 모임'이 3만 3,234시간, 시마네 '오타

가이사마'가 3만 2,741시간).

이렇듯 점차 확대되고 있는 '오타가이사마'의 10여 년의 활동을 되돌아보면 생협은 물론 지역 사회 만들기 차원에서도, 더 나아가 조직 방식 그 자체로도 큰 의미가 있다. 이 장에서는 이 점을 중심으로 살펴보기로 하겠다.

2 _ '오타가이사마'란?

'오타가이사마'에서 지원자로 참가하는 사람은 시대를 반영하듯 고령자가 많다. 이러한 점에서는 노인 장기 요양 보험(이하, 장기 요양 보험)이나 서로 돕기 모임과 비슷하다. 하지만 양방향 관계를 중시하는 '오타가이사마'에서는 이 둘과는 다른 세계가 펼쳐진다. 우선, '오타가이사마'가 어떤 것인지를 알아보기 위해 '오타가이사마'다운 특징을 살펴볼 수 있는 몇 가지 사례를 소개해보겠다.

〈이용자가 지원자로〉

혼자 사는 60대 남성의 사례이다. 예전에는 남동생이 식사 준비를 해주었으나 동생이 먼저 세상을 등진 후로는 다리가 아파 장을 보러 나갈 수 없는 상태였다. 시청이나 지역 포괄 지원 센터에서는 장기 요양 보험을 안내해주었지만 당사자가 아직 장기 요양 보험은 이용하고 싶지 않다고 하여 '오타가이사마'를 소개해주었다.

상담을 접수한 '오타가이사마'는 코디네이터가 직접 댁을 방문해 먼저 상황을 파악했다. "식사와 장보기가 가장 힘들다"는 말을 듣고 생협의 저녁 도시락 배달을 소개해주었는데, "몇 년이나 밖에서 만든 음식만 먹었다. 가능하면 집밥이 먹고 싶다"라고 하여 식사 지원이 시작되었다.

이후 그는 먼저 생협에 가입하고 매주 지원자와 함께 생협 물품 안내지를 보며 어떤 요리가 먹고 싶은지, 어떤 요리를 해줬으면 하는지 이야기를 나누었다. 주문한 생협 식자재를 이용해 이용자가 원하는 메뉴로 식사를 준비하는 나날이 이어졌다. 그러던 어느 날, '오타가이사마'에 "피아노를 가르쳐 달라"는 의뢰가 들어왔다. 코디네이터는 그가 음악 선생님이었다는 것이 생각나 지원자로 활동해줄 수 없는지 문의했다. 지원자가 된 그는 당시를 회상하며 이렇게 말했다.

"지원자로 활동하게 해준 덕분에 젊어졌어요. 함께 크리스마스 곡도 연주하고…. 무엇보다 항상 따뜻한 집밥을 먹을 수 있어서 눈물 날 정도로 행복해요. 지원자들과 함께 이런저런 이야기를 나누다 보면 활력이 생겨요."

〈통학 봉사부터 아빠 대역까지〉

남편을 잃고 혼자서 2명의 초등학생 자녀를 키우는 여성으로부터 자신이 일하러 가는 날, 장애가 있는 둘째를 학교에 데려다달라는 의뢰가 들어왔다.

몇 명의 지원자가 교대로 지원을 나갔는데, 얼마 후 코디네이터는 지원자로부터 "이용자가 무척 지쳐 보인다"라는 말을 들었다. 부인과 이야기를 나눠보니 "남편을 잃고 혼자 아이들을 키우는 게 힘들어요. 아빠 바라기였던 첫째가 같이 놀아주던 아빠가 없어 외로운 건지 요즘 저랑 별로 안 좋아요"라는 고민을 털어놓았다.

그래서 남자 대학생 한 명을 '형' 역할로 보내기 시작했다. 대학생 지원자가 큰아들과 캐치볼을 하고 공부도 가르쳐주는 사이 첫째도 엄마도 조금씩 기운을 되찾아갔다. 아이 엄마는 "육아에 자신감이 붙은 듯한 기분이에요"라는 소감을 전해왔다.

〈마권 구매에 동행〉

세 번의 뇌경색을 겪은 60대 후반 남성의 사례이다. 혼자서 병원에 다니기 어려워 사회 복지 협의회의 케어 매니저 소개로 통원 지원을 시작하게 되었다. 어느 날, 케어 매니저로부터 조심스럽게 "이분이 취미로 다니셨던 야외 경마장에 가고 싶어 하시는데, 함께 가줄 수 없으실까요?"라는 의뢰가 들어왔다. 지원자와 이야기를 나눠보니 "마권 구매요? 재미있겠네요. 제가 가도 괜찮다면 기쁘게 동행할게요"라는 대답이 돌아왔다. 아무런 주저 없이 흔쾌히 승낙해주어 케어 매니저가 도리어 놀랐다.

경마장을 찾은 날, 익숙한 경마 친구들이 반갑게 맞아줘서 의뢰인도 무척 기쁜 듯했다. 지원자는 의뢰인으로부터 마권 사는 법을 배운 뒤, 함께 경주를 관전했지만 결과는 계속 꽝이었다. 한참이 지난 후 "이제 갑시다!"라는 말을 듣고 일어서려는데, 뒤에서 "또 봄세!"라는 경마장 친구들의 목소리가 들렸다.

이후에도 이용자의 통원 지원은 계속되었지만, "마권을 사러 가고 싶다"라는 말은 더는 꺼내지 않았다고 한다. 후에 지원자는 어쩌면 그때 이용자의 마음속에서는 어떤 결의, 앞으로의 자신의 삶을 결심하는 중요한 순간이 지나고 있었을지 모른다고 감상을 전했다.

〈주부가 하고 싶어 하는 일이 전부 가능하겠다!〉

심장 질환으로 오래 서 있기 힘들어 헬퍼의 도움을 받는 여성이 있었다. 하지만 장기요양 보험 제도 내에서는 도움을 받을 수 있는 범위가 한정되어 있어, 이것도 하고 싶고 저것도 해야 하지만 장기 요양 보험으로는 불가능한 항목이 많았다. 하지만 '오타가이사마'의 지원 내용을 보고 "이거면 내가 주부로서 하고 싶은 일을 모두 할 수 있겠다"라는 생각이 들었다고 한다. 이용자는 몸이 안 좋아지고선 못 하는 일이 늘어나 우울했던 찰나에 이런 희망을 품을 수 있게 해준 것만으로도 앞으로의 인생이 환해진 것 같았다고 한다. 그 정도로 오타가이사마의 지원이 좋은 자극이 되었음을 보여주는 사례라 하겠다.

〈같이 밥을 먹고 기력을 되찾다〉

혼자 사는 70대 여성의 사례로, 떨어져 사는 따님으로부터 병으로 입원해 계신 어머니의 퇴원 후 식사 준비를 맡아 달라는 의뢰가 들어왔다. 어르신들은 입원하면 심신이 쇠약해지는 경우가 많아 걱정이라는 것이었다. 하지만 막상 식사 지원이 시작되어 식사를 준비해드려도 식욕이 없는지 지원자가 다음 날 가보면 음식이 많이 남아 있었다. 지원자는 같이 식사를 하면 나아지지 않을까 싶어 이용자의 허락을 받아 함께 식사하게 되었다. 자연스럽게 이런저런 이야기를 나누면서 식사를 하자 이용자의 식사량이 늘었다. 이용자는 몸도 건강해져서 어느새 식사 준비도 함께할 수 있게 되었다. 따님도 어머니가 건강해진 데 놀라워하며 감사의 인사를 전해왔다.

3 _ '오타가이사마'의 조직 특징

'오타가이사마'가 탄생하기 꽤 이전부터 많은 생협에서는 '서로 돕기 모임' 활동이 이루어지고 있었다. '오타가이사마'만의 특징을 이해하기 위해서는 먼저 '서로 돕기 모임'이나 장기 요양 보험과의 차이를 살펴 보는 것이 좋다.

'서로 돕기 모임'은 '오타가이사마'보다 역사가 길고 코프고베의 서로 돕기 모임을 모델로 했기 때문에 방식도 상당히 비슷하다. 우선 회 원제라는 점을 들 수 있다. '이용 회원', '지원 회원', '찬조 회원'이 있으 며 대부분 연간 1,000엔 정도의 회비를 낸다. 고령자나 몸이 불편한 사 람 등 약자를 돕는다는 생각이 강해, 지원하는 사람과 지원하지 않는 사 람의 경계가 조직마다 정해져 있다. 사무국은 생협이 맡고 있는데, 직원 이나 파트타임 직원이 그 역할을 맡고 있어 생협으로부터 자립한 조직 이라 할 수 없다.

이에 반해 '오타가이사마'는 '지원받고 싶어 하는' 사람과 '지원하 고 싶어 하는' 사람을 연결해주는 것이 주요 역할이다. 지원자는 물론 코디네이터까지 사람과의 연계와 유대를 가장 중요하게 생각한다.

장기 요양 보험과 비교해보면 그 차이점은 더욱 뚜렷해진다. 장기 요양 보험은 역할 분담, 자격 시험, 제도화를 조직 구성의 기본으로 삼 아 정해진 서비스를 책임지고, 공평하게 제공하는 것이 원칙이다. 헬퍼 자격을 얻지 않는 이상 참여할 수 없다.

하지만 '오타가이사마'는 도움이 되고자 하는 마음이 곧장 활동으 로 이어지는 구조이다. 즉, 조직의 기본 구조가 지원 의뢰를 조직 단체 로서 수탁해 해결하는 것이 아니라, 지원을 해줄 수 있는 사람을 찾아내 이용자와 지원자가 만날 수 있는 장을 마련하고, 그 상호 관계 속에서 어려움을 해결해나가는 구조이다.

의뢰를 단체 차원으로 받아 단체의 자격으로 해결하는 방식이 되면 모임을 지키기 위해 이런저런 규칙이 만들어진다. 규칙은 참여자들을 구속시키고 결과적으로 사람과 사람 간의 관계가 일방적이고 경직된 것으로 변하기 쉽다.

현대 사회에서는 장기 요양 보험뿐만 아니라 병원 치료나 기타 다양한 사업을 대부분 양방향이라 하기 어렵다. 인간적으로 관계를 맺지 못하고 일방적인 서비스만 제공하는 세상이 된 것이다. 하지만 사례를 통해 살펴보았듯이 '오타가이사마'는 양방향 관계가 성립된다. 이렇게 되면 어떠한 일이 일어날까? 구체적인 사례와 함께 '오타가이사마'에서 양방향 관계가 가능한 이유를 좀 더 깊이 살펴보기로 하자.

첫 번째로 '오타가이사마'는 도움을 받고 싶은 부분을 이용자가 스스로 결정할 수 있다. 이는 당연하고 특별할 것 없는 듯이 보이지만 장기 요양 보험과 비교하면 그 차이와 의미를 잘 알 수 있다. 장기 요양 보험에는 제약이 많다. 바란다고 해서 다 해주지 않는다. 몸이 불편한 어르신이 명절에 조상의 묘를 깨끗이 하고 싶어 몸살이 날 정도라 해도 장기 요양 보험에서는 이를 지원 대상으로 보지 않는다. 전구가 나가도 바꿔주지 않는다. 일상생활에 필요한 최소한의 것만 대상으로 보기 때문이다.

두 번째로 '오타가이사마'에서는 '어려운 일'부터 '하고 싶은 일'까지를 다 지원한다. 이 또한 아주 중요한 특징이다. 캐치볼 상대를 찾아달라거나 소고기덮밥을 사다달라는 등 아무리 봐도 '어려운 일'이라 볼 수 없는 내용이라도 '오타가이사마'는 모두 지원한다. 대가족이 함께

살던 시절이나 이웃과 가깝게 지냈던 시절이라면 도와달라는 말 한마디로 해결할 수 있는 일들이지만, 현대 사회에서는 어려운 일이 되었다. 하지만 '오타가이사마'에서는 도와줄 사람을 찾아준다.

'장(場) 연구소' 소장이자 도쿄대학 명예 교수인 기요미즈 히로시(淸水博) 씨는 '살아 있는 것'과 '살아가는 것'의 개념은 한 글자만 다르지만 큰 차이가 있다고 말한다. 인간이 '산다'는 것은 '살아가는 것'이다. '살아 있는' 상태의 연속 즉, 오래도록 사는 상태가 이어지는 것만으로는 진정한 삶이라 할 수 없다. 일본 사회는 의료, 복지 등 '살아가는 것'에 대한 지원에 극히 냉담하다. 하지만 '오타가이사마'의 지원은 '살아가는 것'에 대한 지원이다.

세 번째는 개개인이 지원자인 동시에 이용자란 점이다. 장기 요양 보험은 기본적으로 건강한 사람이 약자를 구제한다는 생각을 바탕으로 시작된 제도이다. 또한 '서로 돕기 모임'은 대부분 지원 회원, 이용 회원과 같이 회원들의 위치가 각자 정해져 있다. 이처럼 경계를 만들어 입장을 고정해버리면 지원 회원이 점차 몸이 쇠약해져 이용 회원이 됐을 때 좌절하게 되는 일이 발생하지 않을 거란 보장이 없다.

나는 건강하니까 '이용자가 아니라 지원자'라는 생각에서 벗어나, 누구든 자신의 생활을 잘 들여다보면 잘하는 일도 있고 서툰 일도 있다는 것을 생각해 보길 바란다. 못하는 일은 다른 사람의 도움을 받고, 반대로 내가 잘하는 분야는 남에게 도움을 줄 수 있는 법이다. 고령의 이용자라도 누군가에게는 그 어르신의 지혜가 도움이 될 수 있으니 그 연결 고리만 만들어진다면 어르신 역시 훌륭한 지원자가 될 수 있고, 이는 그 사람이 살아가는 삶의 보람이 되기도 한다.

4 _ '오타가이사마'의 탄생 배경

'오타가이사마'는 생협 활동을 하던 조합원이 중심이 되어 만든 조직이
지만, 그 형태와 창립 이념에는 생협의 혁신을 주도한 가치가 반영되어
있다고 보여진다. 생협시마네는 '오타가이사마'를 설립하기 몇 해 전부
터 지바코프의 활동에 많은 영감을 받아왔다. 지바코프는 1980년대 후
반부터 조직 확대를 최우선시하는 대신 주체적으로 자신의 생활을 만
들어가고자 하는 조합원에게 생협이 어떤 도움을 줄 수 있을까를 중심
에 두고 사업의 방식과 직원의 역할을 고민해왔다. 조합원 활동도 안전
한 상품을 만들고 제공하는 것뿐만 아니라 조합원의 생활과 그 속에서
사용하는 상품의 활용도 소중히 하고 배려하는 시스템을 만들려고 노
력해왔다.

　이러한 흐름 속에서 생협시마네는 2000년에 새로운 비전 만들기
를 시작했다. 생협의 의미와 역할을 각 조합원의 생활 속에서 창조한다
는 방침에 따라 '생활과 꿈에 대한 설문 조사'를 실시했다. 그리고 이를
철저히 분석해 조합원이 어떤 생각과 소망을 가지고 있고, 생협에 바라
는 바가 무엇인지를 글로 정리했다. 이것이 〈생각을 현실로―함께 만
드는 풍요로운 생활〉이며, 이를 실현하는 데 중요한 항목은 아래 다섯
가지로 정리했다.

　우리는 각자가 '나답게 살아갈 것'과 사람과의 관계를 보다 풍성하
게 할 것을 중요히 여겨나가겠습니다.
　우리는 대화로부터 만들어지는 지혜, 활력, 안심감, 공감을 새로운
생활을 쌓는 데 접목해나가겠습니다.

우리는 지역에서 각자의 라이프스타일에 맞는 새로운 관계를 만들어내 '함께 사는 세상'을 넓혀나가겠습니다.

우리는 생활 및 환경의 변화로 발생하는 다양한 요구를 파악하고 조합원의 생각과 소망을 현실로 만들어나가겠습니다.

우리는 지역과 함께하면서 조합원의 생활에 한 발짝 더 들어가 생협의 역할을 만들어가겠습니다.

위의 조항을 밑바탕으로 '오타가이사마' 설립에는 다음과 같은 점이 고려되었다.

생협시마네는 지바코프의 '오타가이사마'의 기본적인 발상은 그대로 받아들였지만 새롭게 바꾼 부분도 있다.

당시 지바코프는 사람과 사람을 이어주는 휴먼 네트워크 사업 속에서 새로운 사업을 만들고자 고민하고 있었고, '오타가이사마'도 그 후보 중 하나였다. '오타가이사마'가 생협의 사업이 된다면 코디네이터는 생협의 고용자가 되고, 사업의 중요한 사항을 결정하는 데는 이사회의 의결이 필요하게 된다. 생협시마네에서는 과연 이런 절차 아래에서 우리가 직접 만든다는 의식을 고양시키기란 어렵지 않은가 하는 의문을 느꼈다. 앞으로는 이용자와 지원자가 모두 당사자 의식을 갖고 함께 만들며 함께 생각하는 형태가 필요한 것이 아닐까? 이런 고민을 거쳐 생협시마네의 '오타가이사마'는 조합원의 자립적 조직으로 탄생하게 된 것이다. 또 하나의 차이점으로 지바코프는 지바현 전역을 하나의 조직이 담당하는 방식을 택했다. 하지만 생협시마네는 자립적이면서 모두가 당사자가 되어 관여할 수 있으려면 조직을 작게 만들어야 한다고 생각했다. 이에 '오타가이사마'를 만들고자 하는 사람들이 있어서 조직을 운영하기에 전망이 밝은 지역부터 착수하기 시작했다. 이즈모를 선두로 마쓰에, 운난, 오다, 하마다, 마스다에 이르기까지 10년에 걸쳐 차례로 '오타가이사마'가 만들어졌다.

앞서 '오타가이사마'는 생협과 분리되어 있고, 독립적으로 만들어져 운영되는 조직이라 적은 바 있는데, 생협시마네는 '오타가이사마'에 금전적인 지원뿐만 아니라 다양한 측면에서 도움을 주지만 운영에는 관여하지 않는다. '오타가이사마'에 참여하는 멤버 중에는 생협 이사나 위원이 다수 있지만, 기본적으로는 모두 개인적인 참여라는 점을 분명히 하고 있다.

더불어 이용자까지 포함해 모두가 함께 만들어간다는 감각을 얼마나 조성할 수 있는지를 중요시한다. 물론 재정적인 부분도 직접 꾸려나가도록 하고 있다. 생협의 지원을 받아도 그것만으로는 부족하다. 이용자가 내는 운영비를 포함해도 충분하지 않다. '오타가이사마'는 강좌를 개최한다거나 바자회나 행사에 부스를 내어 수입을 올리고 있다.

5 _ '오타가이사마' 활동이 만들어낸 것

깊어진 관계가 변화를 만들어낸다

'오타가이사마 마쓰에' 10주년 모임에서 소개된 시각 장애인을 돌보던 한 지원자의 이야기가 인상적이었다.

"그렇게 손을 잡고 걷는 건 꽤 오랜만이었죠. 옛날에는 자주 아이들 손을 잡고 걸었는데 지금은 아이들이 뿌리치니까요. 남편 손을 잡고 걸은 건 훨씬 더 옛날이고요. 아마 남편 손을 다시 잡게 되는 건 돌봄이 필요해질 때가 아닐까? 이런 생각을 하면서 걷고 있자니 지원을 하고 있다기보다 이분과 함께 지금을 살고 있다는 느낌이 들었어요. 그리고 이분이 오히려 저를 살게 해주는 느낌이 들었죠."

'오타가이사마'에서는 왜 이러한 일이 일어날까? 이것을 어떻게 이 해하면 좋을까? 이 사례의 경우 지원자가 제공하는 서비스에만 집중한 다면 이용자가 원하는 장소에 데려다주고, 그동안 넘어지지 않도록 보 살펴주기만 하면 된다. 하지만 위의 사례에서는 이러한 서비스의 범위 를 넘어 '오히려 나를 살게 해주는 느낌'이라는 생각을 자연스럽게 가 지게 되었다. 당연히 지원자의 이런 마음은 이용자에게도 전해져 고마 운 마음은 깊어지고 두 사람은 보다 친밀감을 느끼게 된다. 두 사람의 관계가 더 가까워지는 것이다.

장기 요양 보험 사업의 헬퍼로 파견된 분의 사례와 비교해보면 그 차이를 더 크게 느낄 수 있다.

"고령자가 고령자를 돌보는 집에 식사를 만들어드리러 갔어요. 대 상자는 부인이라서 남편분은 자기가 직접 식사를 준비해야 했어요. 식 사 준비가 서투르신 것 같아서 두 분 식사를 같이 만들어드리고 싶었지 만 이건 규정 위반이에요. 몰래 만들어드려도 되지만 다른 헬퍼가 왔을 때 '전에 왔던 사람은 만들어줬는데'라고 하면 제가 '질책'을 받게 되죠. 마음이 불편하지만 어쩔 수 없어요."

필자는 '오타가이사마'를 접한 한 복지 관계자로부터 "'오타가이사 마'는 지원 내용이 계속 바뀐다. 우리로서는 상상할 수 없다. 신기하다" 라는 이야기를 들은 적이 있다.

'오타가이사마'에서는 이용자가 의뢰한 내용이 지원자의 세심한 배려로 바뀌는 사례가 다수 보고되고 있다. 앞서 소개했던 고령자 식사

지원 사례도 그중 하나이다. 처음 접수한 의뢰 내용에만 얽매이는 것이
아니라, 이용자의 상황을 살펴 '이렇게 하는 게 낫겠다' 싶으면 이를 토
대로 함께 식사하거나 식사 준비를 한다. 한번 정한 서비스 내용에 구속
받는 것이 아니라, 상대방을 배려하면서 자유롭게 마음에서 우러나오
는 다양한 생각을 행동으로 옮긴다.

'오타가이사마'에서 이는 모두 일상적인 광경이다. 하지만 우리의
일반적인 상식에서는 이것을 "신기하다"라고 느낀다. 왜일까?

통상 서비스라고 하면 그 내용이 이용자도 제공자도 아닌 제삼자
에 의해 결정되고 해서는 안 되는 일도 명시된다. 이는 결과적으로 '자
유롭게 마음에서 우러나오는 행동'에 제동을 건다. 서비스라는 틀 안에
서는 상대방에 대한 배려의 마음을 억누르고 사람과 사람의 관계가 깊
어지는 것을 경계한다.

곰곰이 생각해보면 현대 사회의 조직 대부분에서 이러한 규범을
가지고 상품과 서비스를 제공한다.

예전에는 상품을 사는 곳이 대부분 익숙한 개인 상점이었다. 그곳
에서는 잘 아는 서로가 상품의 특성과 먹는 법, 나아가서는 생활을 둘러
싼 다양한 이야기를 나누었다. 하지만 지금은 패스트푸드는 물론이고
슈퍼마켓에서조차 점원과의 수다는 상상할 수 없는 세상이 되었다. 사
람과 관계를 맺지 않아도 살아갈 수 있는 세상이 된 것이다.

이처럼 오늘날 현대 사회는 수많은 물건과 서비스를 취하며 얼핏
봐서는 무척 풍요롭고 편리한 생활을 할 수 있게 되었지만, 대가족이 핵
가족화되고 지역 사회는 쇠퇴하면서 사람 사이의 관계성은 크게 손상
되었다. 사회가 풍요로워진 것과 비례해서 불안은 증폭되는 현실이 펼
쳐진 것이다.

여성의 감성과 에너지가 만들어낸 것

'오타가이사마'는 지금까지 20개 조직이 설립되었고, 대부분이 생협 조합원인 여성이 중심이 되어 만들어졌다. '오타가이사마'를 설립할 때는 다른 조직을 견학하는 것부터 시작한다. 시마네의 조합원은 지바를 방문했고, 시마네의 '오타가이사마'가 출범한 후에는 이곳이 견학지가 됐다. 견학을 마친 후 따뜻한 세상을 만들고 싶다는 마음이 에너지가 되어 구체적인 행동이 시작된다. '오타가이사마'가 만들어지는 일련의 움직임을 가까이서 접하다보면 여성 원리라는 단어로 연상되는 '융화, 협조, 공동 가치 창조' '감정, 정' '융합' '눈앞의 일을 느끼고 행동함' '수다'가 총가동되는 인상을 강하게 받는다. 회의라기보다 모임에 가까운 세상이다. 하지만 이 과정들은 모두의 마음을 한데 모으는 기능을 한다.

지원자를 파견하는 것이 아니라 이용자와 지원자를 이어준다는 생각, 그리고 이용자의 목소리를 공감해서 듣는 코디네이터의 모습에도 여성들의 감성이 잘 반영되어 있다. 얼마 전 한 '오타가이사마' 모임에서 남성 지원자가 이런 이야기를 했다. 이 남성은 장기 요양 보험의 헬퍼도 겸하고 있는데, 헬퍼로 일할 때는 전구를 갈아달라는 부탁을 받아도 규정상 도와줄 수가 없는 상황이다. 하지만 그런 요청을 거절하는 게 너무 힘들어, 부탁을 받았을 경우 "모든 업무는 본부의 지시에 따르고 있으니 물어볼게요"라고 말한 뒤 그 자리에서 바로 전화를 걸어, "본부에서 허가가 나지 않네요. 죄송합니다"라는 식으로 거절하고 있다고 한다.

장기 요양 보험은 '모든 사람에게 평등한 서비스를 제공한다'던가 '문제가 생기지 않도록 개인이 판단할 수 있는 여지를 두지 않는다'라는 취지하에 이러한 구조를 만들었을 것이다. 하지만 이 사고방식의 근저에는 남성 중심 사회라는 발상이 있다. 여성이 중심이 되어 조직하면 있을 수 없는 시스템이라는 생각이 든다.

앞으로 세상을 바꾸려면 이러한 부분도 '오타가이사마'와 같은 방식으로 바뀌어야 하지 않을까.

6 _ '오타가이사마'는 생협에 어떤 영향을 주었나

생협이 만들어내고 있는 것

'오타가이사마'가 이만큼 빠른 속도로 확대될 수 있었던 이유는 생협의 지원과 조합원 주도뿐만 아니라 조직을 설립한 뒤에도 생협과 밀접한 협력 관계를 맺어왔기 때문이다. 그리고 이러한 현실적인 이유 외에도 새롭게 발견한 부분이 있다.

우선, 첫 번째로 꼽을 수 있는 것은 생협 활동을 통해 쌓아온 조합원들의 경험이 큰 역할을 한다는 것이다. 오랜 시간 생협에서 활동한 조합원은 개개인의 생각과 소망에 대한 공감, 함께 만든다는 감각이나 조직이라는 것에 대한 이해, 활동의 장을 만들어가는 능력을 갖추고 있다. 물론 생협이 이러한 요소를 체득할 수 있게 하는 조직 문화여야 한다는 것이 전제 조건이다.

또한 오로지 이용만 하는 조합원이라도 같은 조합원에 대해서는 나름대로 특별한 상품을 함께 이용하는 동료, 혹은 생활의 지혜를 나누면서 이어져 있는 동료라는 감각이 형성되어 있다.

게다가 '오타가이사마'의 활동은 총회나 조합원 모임, 혹은 홍보지를 통해서도 소개되고 있고, 여기서 만드는 소식지는 가정 공급을 받는 조합원들에게 개별적으로 배포되기도 한다.

이런 활동들은 '오타가이사마'와 같은 조직을 계속 만들어내는 모체가 되며, 조직의 의미와 의의를 빠르게 확산시킨다. 이런 특성을 가진 조직은 좀처럼 찾아보기 힘들다.

최근 사회관계 자본이라는 말을 자주 듣게 되는데, 생협은 눈에 보이지 않지만 사람 사이의 신뢰 관계나 연결 등을 각 지역에서 확실히 만들어내고 있다. 앞으로는 이러한 부분의 중요성을 더 많이 인식하고 활용하는 방안을 모색해야 한다.

이는 생협을 한층 더 협동조합답게 진화시키며, 이러한 부분의 중요성을 더욱 인식하게 해줄 것이다.

'오타가이사마'가 생협에 준 영향

'오타가이사마' 활동은 생협의 기관지, 조합원 회의, 총회를 통해 자주 소개된다. 그중 몇 가지 조합원 소감을 아래에 인용해보았다.

— '오타가이사마 마쓰에' 사례도 무척 좋았어요. 생협 조합원들이 서로 도와가며 어려운 처지에 있는 사람을 돕는다는 이야기를 듣고 저도 무슨 일이 생기면 상담해봐야겠다고 생각했어요. 또, 도움이 된다면 돕고 싶어요. 생협이 있어서 안심하고 생활할 수 있네요. (총회를 돌아보며)

— '오타가이사마' 활동을 하면서 많은 분들과 만나고 또 그 만남을 이어주면서 누구나 활기차게 생활할 수 있는 지역을 만들고 싶어요. (총회를 돌아보며)

— 최근 1년 동안 생협과의 관계 속에서 생겨난 변화라고 하면 지금까지 비정기적으로 하던 '오타가이사마' 지원 활동을 정기적으로 하게 된 것이에요. 처음에는 계속할 수 있을지 걱정이 앞섰는데 지금은 즐겁

게 하고 있어요. 지원하고 지원받는 '오타가이사마'라서 그런지 지원자로 방문했는데 어느새 제가 배우는 게 많더라고요. 이 또한 시간이 지나면서 깨닫게 된 점이에요. (총회에 보내는 메시지)

— '오타가이사마'는 정말로 말 그대로 서로 돕기예요. 건강할 때는 잘 못 느끼겠지만 도움을 받을 수 있다는 생각만으로도 행복한 제도예요. 특히 제가 사는 오쿠이즈모 지역은 인구 감소와 고령화가 심해 '오타가이사마'는 도움되는 듬직한 존재예요. 서로 돕지 않으면 살기 어려운데 어느샌가 지역은 상부상조의 힘을 잃고 경제 지상주의로 사방이 꽉 막힌 어두운 세상이 되어버렸어요. 옛날의 좋은 관습을 조금씩 되찾아 '오타가이사마'의 힘으로 지역이 활기로 가득 차길 바랍니다. (홍보지에 보내는 투고)

— 총회에 참석한 건 처음이에요. 생협은 정말 다양한 일을 하고 있네요. 놀라웠어요. 그중에서도 '오타가이사마'가 무척 와닿았어요. 오늘 총회를 통해 생협은 사람과 사람의 이어짐을 소중하게 생각한다는 것을 느꼈고, 혼자서는 불가능한 일도 많은 사람이 모이면 큰 힘이 된다는 것을 알았어요. 더 많은 사람들에게 생협을 추천하고 싶습니다. (총회를 돌아보며)

— '오타가이사마'의 따뜻한 에피소드를 듣고 마음도 푸근해졌어요. 생협은 서로 돕기의 본보기네요. (총회를 돌아보며)

— '오타가이사마'나 리딩서비스[2]처럼 사람 간의 관계를 소중히 생각하는 생협의 자세를 앞으로도 지켜주세요. (총회에 보내는 메시지)

---

2   '오타가이사마'의 지원자가 생협의 물품 안내지를 CD로 녹음한 것. 시각 장애인을 위해 만들었지만 작은 글자를 읽기 힘든 사람이나 물품 안내지의 페이지를 넘기기 힘든 사람들도 이용하고 있다.(옮긴이)

─쌍둥이 엄마를 도와드린 '오타가이사마'의 코디네이터 이야기도 정말 좋았어요. 상품을 넘어 사람과 사람이 이어져 있음을 느낄 수 있었어요. (총회를 돌아보며)

이상의 조합원 목소리를 통해 다음과 같은 점을 알 수 있었다.

─'오타가이사마'는 생협이라는 토양 위에서 펼쳐지고 있다는 실감이 나고, 조합원인 자신도 언제든지 참여할 수 있다는 생각을 가지게 된다.

─'오타가이사마'가 무척 생협다운 활동이라고 생각하는 조합원이 많고, 그 관계 속에 있는 자신을 행복하다고 느낀다.

─'오타가이사마'의 활동 내용과 관여하는 사람들의 마음을 느낄수록 생협의 존재 방식과 맞물려 '사람과 사람의 이어짐을 소중히 여기는 생협', '이것이 원래의 생협'이라는 관점이 생긴다.

즉, '오타가이사마'가 생협을 포함한 지역의 각종 단체 및 조직과도 연대하여 모두가 행복한 지역 사회를 만들어갈 것이라는 느낌을 준다는 뜻이다. 또한 '오타가이사마'를 같은 조합원이 추진하는 활동이라는 점에서 참여하지 않는 사람들도 안심하고 있는 그대로 받아들이고 있는 듯하다. 동시에 이로 인해 생협에 대한 신뢰가 높아지고 있는 점도 주목할 만하다.

생협시마네는 앞서 소개한 대로 생협 이사 혹은 생활 만들기 위원 등 조직 운영에 관여하는 사람들이 높은 비율로 '오타가이사마'에 참여하고 있다. 이 때문에 '오타가이사마' 사례 하나하나가 그대로 생협에 전달된다. 생협은 '생활'이라는 말을 정말 많이 쓰지만, 생활 속 진짜 현실을 제대로 파악하기란 어렵기에 '오타가이사마'를 통해 생협도 지역

의 생활을 새롭게 인식할 수 있다. 10년 이상 된 '오타가이사마' 활동은
생협의 존재 방식에도 영향을 미친다.

7_'오타가이사마'가 지역에 가져다준 것

경제학자인 진노 나오히코(神野直彦) 도쿄대학 명예 교수는 지역력(地域
力)에 대해 다음과 같이 말했다.[3]

　　지역에서 안심하고 살아가기 위해서는 지역의 힘이 필요하지만,
일본은 이 힘이 매우 약하다. 한편, 북유럽은 지역 과제를 직접 해결해
나간다는 의식이 강한데 이러한 국민 의식을 양성하는 장치로 학습 동
아리가 있으며, 두 명 중 한 명이 참여할 정도이다. 동시에 새로운 학습
동아리를 만들 때는 생협과 노동조합이 함께 새로운 자발적 조직을 세
우는 식으로, 생협이나 노동조합 등의 기존 조합이 계속 자기 증식을 하
는 사회이다. 일본에서는 양쪽 모두 조합원은 지켜주지만, 외부로 시선
을 돌리는 일은 드물다. 해외의 사례를 포함해 지역의 연결 고리가 강한
곳에서는 조직을 육성할 때 씨를 뿌리고 밭을 경작하는 단계에서는 내
버려두고, 싹이 나오고 더 키워야 할 시기가 오면 행정 기관이 개입하는
방식이 철칙으로 되어 있다. 제도와 정책이 사람을 확실히 믿고 자발적
으로 생겨나는 활동을 뒷받침해주는 것이다. 하지만 일본은 '행정 기관
이 원하는 대로 해야 지원금을 준다'는 구조이다. 위에서 아래로 내려오
는 이런 방식으로는 자발적인 조직이 탄생할 수 없다.

3　《月刊福祉》, 全国社会福祉協議会, 2016. 1.

이탈리아에는 커뮤니티코프라는 협동조합이 상당수 조직되어 있다. 커뮤니티코프는 지역 주민이 지역 문제를 해결하기 위해 만든 조합 조직으로 소규모도 많다. 규모가 큰 생협의 경우 이런 조합의 설립을 지원하는 부서도 갖고 있다.

그야말로 '오타가이사마'가 설립을 준비하던 모습부터 자립적 조직으로 가동하기까지의 방식과 거의 일치한다.

실제 생협시마네에서 '오타가이사마'의 설립 전까지 지원한 내용을 보면 '이사회 구성원을 중심으로 한 학습회', '타 생협, 타 단체 연수', '지역에서 행해지고 있는 생활 속 불안, 어려움, 장기 요양 보험 등과 관련한 학습회 지원', '사무실 제공, 가정 공급망을 통한 홍보물 배포', '지원금 제시' 등이다.

그리고 지역력 향상 차원에서는 자립적 조직으로 출발하는 것이 얼마나 중요했는지가 나중에 드러난다. 자립 조직으로 시작한 '오타가이사마'는 위에서 내려오는 지원금에 기대어 움직이는 단체와는 완전히 다르게, 지금 조직이 필요로 하는 것에 초점을 맞춰 적극적으로 활동을 추진했다. 더욱이 주목해야 할 점은 지역의 단체 및 조직과 차례로 협력 관계를 만들어간 것이다. 병원, 주민 회관, 마을 자치회, 사회 복지 협의회, 지역 포괄 지원 센터, 지자체까지 이들과 연대함으로써 '오타가이사마'는 생협 안에서 하기 힘들었던 일들을 쉽게 추진할 수 있게 되었다. 그리고 결과적으로 이들 조직 및 단체가 생협을 다시 보는 계기가 되었다.

2년 전 '지역의 각종 단체와의 연계 및 공동 활동과 사업', '현 전역으로 오타가이사마 확대 지원'이라는 두 가지 목적을 내세운 '지역 연결 센터'가 마쓰에시에 설립되었다. 구성 단체는 생협, 보건생협, 농협,

그리고 각 '오타가이사마' 등 11개 단체와 옵저버로 현과 시의 사회 복지 협의회가 참여하고 있다. 앞으로의 활약이 기대되는 지역 연결 센터 또한 '오타가이사마'의 효과라고 할 수 있다.

이렇듯 지역력 향상에 기여하고 있는 '오타가이사마'가 지금의 성과를 낼 수 있었던 요인을 마지막으로 정리하면 다음과 같다.

— 지역 과제에 접근하는 목표가 명확했다.
— 자기 일은 자신들이 직접 정하고 행동하는 자립적 조직이었다.
— 누구나 참여할 수 있는 열린 조직이었다.
— 모두가 함께 지혜를 모아 대처해나가는 운영 스타일을 가지고 있었다.
— 현 전역에서 활동을 펼치고 있는 생협과 긴밀한 협력 관계를 맺고 있었다.

바꿔 말하면 이러한 형태의 조직이 지역에 다양하게 생기면 지역을 바꾸는 힘이 된다. 또, 이러한 측면에서 협동조합의 역할이 지금까지 이상으로 기대를 모으고 있다고 할 수 있다.

제4장

워커즈콜렉티브가 만드는 '복지전문생협'

: 복지클럽생협이란

세키구치 아키오
다나카 히데키

1_들어가며

복지클럽생협은 1989년 가나가와현 요코하마시에서 생겨난 '복지전문
생협'이다. 상품을 조합원 가정에 공급해주는 사업이 중심이라 가정 공
급형 생협과의 차이를 알기가 어려웠고, 지금까지 그 차이를 분명히 하
면서 '복지클럽생협이 어떤 곳인지'를 밝히는 연구도 적었다. '복지전
문생협'이란 복지클럽생협이 직접 자신을 규정하면서 만든 단어지만
'전문 생협'이 무엇인지도 아직 명확하지 않다. 전문 농협론은 있지만¹
전문 생협론은 없었다. '복지전문생협'이란 조합원의 복지 관련 과제를
해결하는 생협, 복지를 중심 사업으로 삼는 생협이다. 가정 공급을 통한
공동 구입이 하나의 사업 형태이기는 하지만, 주목적은 복지이지 상품

---

1   麻野尚延,《みかん産業と農協─産地棲みわけの理論》, 農林統計協会, 1987. 太田原高
     昭,《系統再編と農協改革》, 農山漁村文化協会, 1992.

(복지클럽생협에서는 '소비재'라고 부른다)의 공동 구입이 아니다. 좀 더 정확하게 말하면 상품 목적의 공동 구입이 아니다. 필자는 복지클럽생협이 가정 공급형 생협과는 다른 새로운 협동조합, 새로운 생협이라 생각하지만, 이 점에 대해서는 시대 배경과 함께 복지클럽생협의 실천에 대해 고찰해볼 필요가 있다.

이번 장의 과제는 복지클럽생협의 조직 및 사업의 특징과 변화를 분석해 복지클럽생협이 무엇인지를 밝히는 것이다. 구체적으로는 복지클럽생협 설립의 시대적 배경과 발전 과정, 조직 특징을 검토해, 기존 생협과 다른 새로운 시대 배경 아래서 태어난 새로운 협동의 한 형태이자 '작은 협동'이라 할 수 있는 많은 워커즈콜렉티브(이하 W.Co)가 만들어가는 생협에 대해 기술하고자 한다. 생협은 시대가 만들어낸 산물이며, 시대의 과제를 해결해가는 과정에서 시대마다 새로운 생협이 생겨났다.

이번 장의 중심인 2~4절은 복지클럽생협의 전 전무이사 세키구치(関口) 씨가, 1절과 마지막 해결책을 제시하는 5절은 내가 맡았다.

2 _ 복지클럽생협 설립

복지클럽생협은 고령 사회를 맞아 서로 도우면서 계속 살아왔던 익숙한 지역에서 앞으로도 쭉 살아갈 수 있게 한다는 목적으로 당시의 생활클럽생협가나가와라는 곳의 구상에 의해 새롭게 만들어진 생활협동조합이다.

1989년 설립 당시의 복지는 '조치'의 시대였다. 국가가 제공하는 최저한의 서비스와 당시 생겨나던 실버산업이 제공하는 서비스가 있

도표1   복지클럽생협의 세 가 지 활동 방향

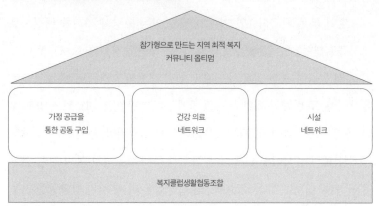

참가형으로 만드는 지역 최적 복지
커뮤니티 옵티멈

| 가정 공급을 통한 공동 구입 | 건강 의료 네트워크 | 시설 네트워크 |

복지클럽생활협동조합

* 복지클럽생협 소개 DVD 〈지역을 재생, 지역에서 공생〉

있는데, 국가 제도는 저소득층이 대상이었고 실버산업은 고액이라 서비스를 이용할 수 있는 층이 한정되었다. 생활클럽생협 조합원처럼 중간층은 둘 중 어느 것도 이용할 수 없었다. 그래서 제3의 길로 생각해낸 해결책은 수동적으로 기다리지 말고 스스로 필요한 서비스를 만들자는 것이었다. 여기에 찬성하는 사람들이 모여 새로운 협동조합을 만들었다. 복지 분야의 '생활클럽운동'으로 새로운 생협 운동을 전개해나가자는 것이 당시의 생각이었다.

'먹거리와 환경'을 중심 주제로 삼고 있는 생활클럽생협과 기본자세나 활동 스타일은 같지만 복지클럽생협의 주요 목적은 '복지'이다. 그래서 생활클럽생협 조직이 아니라 새로운 협동조합을 만드는 것이 필요했고, 취지에 찬성하는 당시 생활클럽생협 조합원 활동가와 조합원이 발기인이 되어 요코하마시 고호쿠구에서 생협 설립 활동을 시작했다. 1년 반 동안 1,020명을 조직해 새로운 복지전문생협으로 복지클럽생협이 첫발을 내딛게 되었다.

노인 부부 가구와 1인 가구가 늘고 있는 고령화 사회를 배경으로 복지클럽생협은 설립에 앞서 3가지 활동 방향을 정했다(도표1). 첫 번째가 가정 공급을 통한 공동 구입으로 일반 생협의 가정 공급에 해당하는 부분이다. 두 번째가 재가 복지를 받쳐주는 건강 의료 네트워크이다. 재가 복지를 충실하게 제공하는 것을 기본으로 하지만, 재가 복지를 받쳐주기 위해서는 시설이 필요하다. 그래서 주택을 포함한 복지 시설 건설을 세 번째 방향으로 삼았다. 복지클럽생협은 이 세 가지 방향성을 기둥으로 삼아, 참가형으로 '지역의 최적 복지(커뮤니티 옵티멈 복지)'를 목표로 하고 있다(도표2 참조).

조직과 사업의 운영 방식은 조합원끼리 서로 돕는 서비스를 시행하기 위해 W.Co라는 협동조합 방식의 단체를 만들어, 자율적으로 관리하면서 서비스를 원하는 조합원에게 직접 제공하는 방식을 취했다. 건강한 조합원이 서비스 제공자로 활동할 수 있도록 거주 지역에 서비스 내용별로 W.Co를 만들었다.

복지클럽생협의 큰 특징 중 하나는 바로 이 W.Co라는 협동조합 방식의 운동체를 조합원이 직접 만들고, 복지클럽생협과 사업 위탁 계약을 맺어 조합원에게 서비스를 제공한다는 점이다.

3 _ 복지클럽생협의 조직과 특징

워커즈콜렉티브가 만드는 생협

W.Co는 '가입 탈퇴의 자유, 출자와 1인 1표, 운영 참가'를 원칙으로 하

도표2　**지역의 최적 복지(커뮤니티 옵티멈 복지)**

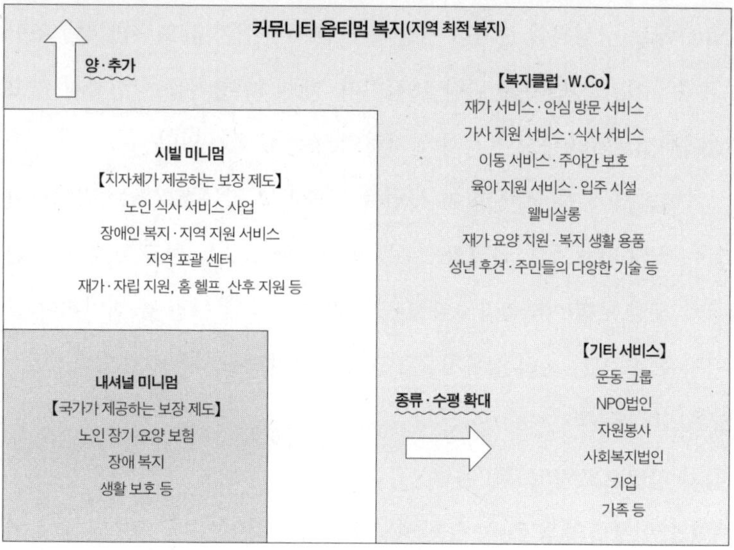

커뮤니티 옵티멈 복지(지역 최적 복지)

양·추가

【복지클럽·W.Co】
재가 서비스·안심 방문 서비스
가사 지원 서비스·식사 서비스
이동 서비스·주야간 보호
육아 지원 서비스·입주 시설
웰비살롱
재가 요양 지원·복지 생활 용품
성년 후견·주민들의 다양한 기술 등

시빌 미니멈
【지자체가 제공하는 보장 제도】
노인 식사 서비스 사업
장애인 복지·지역 지원 서비스
지역 포괄 센터
재가·자립 지원, 홈 헬프, 산후 지원 등

【기타 서비스】
운동 그룹
NPO법인
자원봉사
사회복지법인
기업
가족 등

내셔널 미니멈
【국가가 제공하는 보장 제도】
노인 장기 요양 보험
장애 복지
생활 보호 등

종류·수평 확대

* 복지클럽생협 소개 DVD 〈지역을 재생, 지역에서 공생〉

는 협동조합 조직이다. 일하는 사람이 출자하고 운영하여 대등한 입장을 취하고, 영리를 목적으로 하지 않는 단체로 본인이 가진 생활 기술이나 문화, 경험을 살려 내가 사는 지역에서 협동해서 일하는 것을 원칙으로 한다. 각 W.Co는 결정 기관으로 총회, 이사회를 두고 있으며, 복지클럽생협과는 상대적으로 독립해 조직과 사업을 운영한다. 그렇지만 각 W.Co는 법인격을 가지고 있지 않다.

　W.Co는 현행법상 근거법이 없어서 전국의 W.Co가 연합해 'W.Co 법(가칭)' 제정 운동을 펼치고 있지만, 현재 아직 입법 예정은 없다.[2] 이로 인해 사업 활동상의 필요로 NPO 법인이나 중소기업협동조합법에

2　2020년 12월 노동자협동조합 법안이 일본 국회에서 통과되었다.

기초한 사업협동조합을 취득해 활동하는 W.Co가 많다. 그러다 보니 NPO에는 구성원의 출자나 평등과 관련된 규정이 없고, 사업협동조합은 중소기업 사업자를 위한 조직이라 '개인'의 참가를 상정하지 않고 있어서 W.Co의 주요 목적과 일치하지 않는 문제가 있다.

따라서 복지클럽생협이 사업을 위탁하고 있는 W.Co는 법인격이 없는 임의 단체이다. 세법상으로는 법인으로 간주를 하고 있지만, 노인 장기 요양 보험(이하 장기 요양 보험)이나 행정 수탁 사업 등 법인격이 있어야 할 수 있는 사업은 복지클럽생협의 법인격을 사용하고 있다.

참가 방법으로써의 W.Co

복지클럽생협의 W.Co는 일반 W.Co와 다른 특징이 한 가지 있다. 복지클럽의 W.Co는 노동 방식이자 생협 활동에 참여하는 '참가 방식'이라는 것이다. 조합원이 생협 사업에 참가하는 방법인 동시에 생협 운영이나 다양한 활동에 참여하는 방식으로 W.Co를 보고 있다. 즉 W.Co는 복지클럽생협이 하는 각종 서비스를 실제로 움직이는 조직이면서 복지클럽생협의 조합원 조직이다. 복지클럽생협 이사회는 직원 이사를 제외하면 이사장을 포함해 모두가 W.Co 이사장 경험자로 구성되어 있다. 기관 조직의 구성원도 각 W.Co의 이사장으로 구성한다. 한편, 이익이 상반되지 않도록 복지클럽생협 이사장과 W.Co 이사장은 겸임할 수 없다.

복지클럽생협 W.Co가 가진 또 하나의 특징은 '한 주제당 한 W.Co'로 되어 있다는 것이다. 하나의 W.Co가 사업을 여러 개 하지 않도록 해 구성원 간 소통을 원활히 하고 역할을 평등하게 돌아가면서 맡을 수 있게 하는 것이 목표이다. 여기에 맞춰 W.Co 이사장 임기도 2기

4년으로 정하고 있다.

조합원은 하고 싶은 W.Co에 자유롭게 참가할 수 있으며, 한 명이 두세 개 W.Co에 가입하기도 한다.

커뮤니티 워크, 커뮤니티 가격

복지클럽생협의 복지 서비스 요금은 시장 가격의 절반에서 3분의 2 수준으로 각 기관 회의가 논의해 결정한다. 이것을 '커뮤니티 가격'이라 부른다. 커뮤니티 가격의 의의는 조합원끼리의 서비스 순환, 즉 내가 아직 건강할 때는 도움이 필요한 조합원에게 서비스를 제공하고, 언젠가 나에게 도움이 필요한 때가 오면 서비스를 이용한다는 개념에 기초하고 있다는 점이다.

시장 가격의 절반에서 3분의 2 수준으로 가격을 설정한 이유는 서비스를 제공하는 쪽은 서비스 요금이 높을수록 좋지만, 서비스를 이용하는 쪽은 낮을수록 좋다는 상관관계에서 조합원은 언젠가 양쪽 모두의 입장을 경험하게 될 것이므로 이런 상황을 반영해 도출한 결론이다. 그렇지만 서비스 요금을 노동의 대가라는 관점에서 생각한다면, 최저임금과의 균형이라는 점에서 고용 노동과 W.Co 노동 방식의 의미를 둘러싼 논쟁은 피할 수 없다. 복지클럽생협에서는 팽팽한 토론을 계속하며 서비스 가격을 결정하고 있다.

복지클럽생협의 조직 운영

도표3에서처럼 복지클럽생협의 기본 운영 조직은 총회와 집행 기관인 복지클럽생협 이사회이다. 대의원은 각 행정구 단위로 선출하는데, 실제로는 각 W.Co에서 대의원을 선출하고 있어, 이런 점을 봐도 W.Co가

도표3　복지클럽생활협동조합 조직도 (2016년 3월 31일 기준)

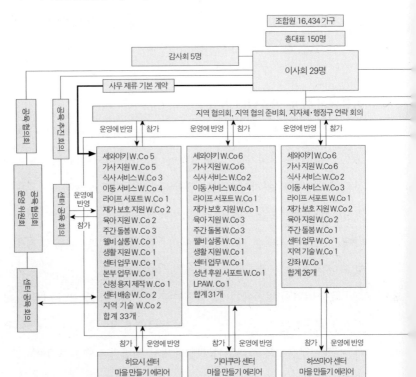

* 복지클럽생협 〈제27회 총대표회 의안서〉

복지클럽생협의 실질적인 기초 조직으로 기능한다는 것을 알 수 있다.

　복지클럽생협의 사업과 활동은 기초 자치 단체를 단위로 이루어지며, 정령시[3]는 구 단위로 분리되어 있다. 이 기초 자치 단체 행정구 단위의 운영 조직이 도표3의 이사회 아래에 있는 '지역 협의회, 지역 협의회

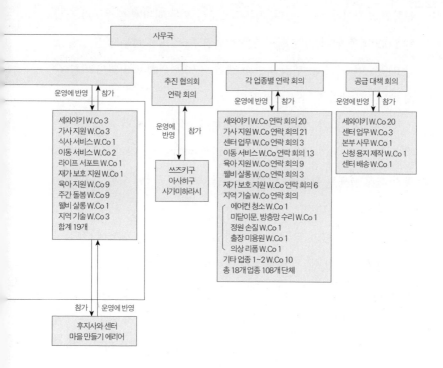

준비회, 지자체·행정구 연락 회의'이다. 조합원이 300명을 넘고, 세와
야키 W.Co[4], 가사 지원 W.Co라는 두 개의 W.Co가 만들어진 행정구를
자치 분권의 조직 단위로 본다. 양 W.Co의 대표가 모여 'ㅇㅇ지자체·
행정구 연락 회의'를 구성하고 여기서 활동 방침을 정하고 집행한다. 조
합원이 700명을 넘어선 시점에서 연락 회의는 'ㅇㅇ지역 협의회 준비

---

4   세와야키는 보살핌, 보살피는 사람이라는 의미다.(옮긴이)

회'로 재편된다. 1,000명을 넘으면 'ㅇㅇ지역 협의회'를 설립하는데, 지
역 협의회에서는 지역 총회를 개최한다. 말 그대로 복지클럽생협의 분
권화된 조직이라 할 수 있다. 기본적으로는 모든 지자체 행정구가 조합
원 1,000명을 넘어 지역 협의회를 설립할 수 있도록 하는 것을 목표로
삼고 있으며, 지자체·행정구 연락 회의, 지역 협의회 준비회도 이를 향
해 가는 과정에 있는 조직으로 본다.

지역 협의회가 지역 총회를 개최한다는 것을 제외하면 세 조직의
결정권과 자치 범위에는 명확한 권한의 차이가 없다. 각각 5년 동안의
장기 계획을 세워 활동하며, 조합원 수와 W.Co 구성원 수는 자치할 수
있는 범위를 나타낸다.

복지클럽생협이 연간 예산에 반영하는 거출금은 지자체·행정구
연락 회의가 20만 엔, 지역 협의회 준비회가 50만 엔 수준이고, 지역협
의회가 100~200만 엔이다. 여기에 각 W.Co가 활동 비용을 더해 조직
을 운영한다. 한편 '추진 협의회 연락 회의'는 300가구가 안 되는 새롭
게 조직 활동을 시작하는 지역을 복지클럽생협 이사회가 지원하기 위
해 만든 기구이다.

'업종별 연락 회의'는 서비스 업종별로 업종과 관련된 문제를 조정
하는 회의이다. 지역 협의회, 지역 협의회 준비회, 지자체·행정구 연락
회의가 복지클럽생협의 종적 조직이라면, 업종별 연락 회의는 횡적 조
직이라 할 수 있다.

'공급 대책 회의'는 공동 구입 상품 개발, 취급 결정, 이용 촉진 활
동을 담당하는 회의로 가정 공급과 관련된 W.Co로 구성된다. 뒤에서
다루겠지만, 복지클럽생협의 활동 중 한 가지 특기하고 싶은 것은 복지
클럽생협이 공육(共育)을 중시한다는 점이다. 이 활동을 담당하는 조직

으로 '공육 위원회'가 있다. 그 밖에 공제 사업을 추진하는 공제 추진 회의가 별도로 만들어져 있다.

조직도 아래쪽에 있는 '마을 만들기 에리어 회의'는 각 지자체·행정구 조직이 경험을 교류하는 네트워크 조직이다. 교류할 수 있는 범위와 인적 교류 관계를 고려해 생활클럽생협의 4개 배송 센터를 단위로 활동하고 있다. 소집 주체는 생활클럽생협의 센터 총괄 매니저이고, 참가자는 복지클럽생협 이사장, 부이사장, 전무이사 외에 담당 이사, 사무국, 그리고 에리어 안에 있는 전체 W.Co의 이사장이다. 조직도 중간의 네모 칸 안에 있는 수치는 W.Co 수와 구성원 수이다.

4 _ 복지클럽생협의 사업 전개와 조합원 변화

사업의 발전과 변화

2016년 3월 말 기준 복지클럽생협의 조합원은 16,434명, 총매출은 38억 8,000만 엔(그중 공동 구입이 25억 엔, 복지 사업이 8억 7,000만 엔, 시설 사업이 4억 4,000만 엔, 기타 7,000만 엔)이며, 활동 지역은 가나가와현 내 25개 지자체와 행정구이다. 가정 공급 배송 센터 네 곳, 주간 보호 시설 아홉 곳, 식사 서비스 시설 여덟 곳, 보육 시설 아홉 곳, 유료 노인 요양 시설 두 곳을 운영 중이며, 직원은 48명, 활동을 받쳐주는 W.Co는 108개, W.Co 구성원은 3,385명이다.

직원은 배송 센터에 28명, 본부에 20명이 있다. 현장 직원은 가정 공급 상품 공급과 지자체·행정구 조직을 담당(사무국)한다. 본부 직원은 총무부 7명, 물류부 5명, 조직부 8명이다. 물류부는 가정 공급 관련한 업

표1 조합원, 사업액 추이 (설립, 10년, 20년, 조사 시점)

	1989년	1999년	2009년	2015년
조합원(명)	1,575	12,247	15,361	16,434
W.Co 단체	2	29	87	108
구성원(명)	137	1,324	2,760	3,385
총사업액(만 엔)	16,998	260,065	370,125	388,486
가정 공급 사업액	16,998	247,996	261,205	250,186
복지 사업액	(41)		69,154	86,851
시설 사업액			32,828	43,363
이용 사업액		12,069	5,006	6,268
공제 사업액			1,567	1,543

*총회 자료를 바탕으로 필자 작성.
주1: 설립 당시에는 복지 사업(가사 지원)은 매출액에 포함되어 있지 않다.
주2: 1999년도의 이용 매출액의 대부분은 복지 사업(요양 보험 시작 전)이다.

무와 이용 촉진 관련 업무를 담당하며, 조직부는 조합원 확대와 서비스
사업의 업종별 연락 회의 사무국을 맡고 있다. 복지 사업, 시설 사업 현
장은 W.Co 구성원이 담당하고 있기 때문에 현장에는 직원이 없다.

표1에서 알 수 있듯이, 조합원 수는 설립 후 10년까지 크게 늘었고
그 후로는 미세하게 증가하고 있다. 한편 복지 서비스가 충실해지면서
서비스를 담당하는 W.Co는 계속 늘고 있다.

설립 첫 해 매출액은 1억 6,998만 엔으로 모두 가정 공급 사업에서
나왔다. 복지 사업은 고호쿠구에 가사 지원W.Co가 하나 있어서 연간
41만 엔 정도의 매출을 올리고 있었는데, 복지클럽생협 매출에는 포함
되어 있지 않다. 복지클럽생협의 가정 공급 사업 잉여금에서 지원받는
운영 보조금과 공동 모금회가 자원봉사 단체에게 주는 행정 보조금으
로 W.Co는 운영되었다.

설립 10년째 되는 1999년 사업액은 26억 65만 엔으로, 그중 24억 7,996억 엔(전체의 95.4%)이 가정 공급 사업에서 나왔다. 이용 매출액은 대부분 복지 사업에서 나왔는데 아직 장기 요양 보험(2000년 시작)이 시작되기 전이어서 식사 서비스 사업과 가마쿠라시에서 위탁받은 주간 보호 사업이 전부였다.

설립 20년이 되는 2009년의 매출액은 37억 125만 엔을 기록했다. 가정 공급 사업의 증가세는 미미해 총매출액에서 차지하는 비율이 70.6%가 되었고, 복지 사업은 6억 9,514만 엔으로 전체 매출의 18.8%를 차지했다. 좀 더 구체적으로 들어가면 가사 지원, 케어 플랜 사업, 식사 서비스, 이동 서비스, 육아 지원, 복지 생활 용품 판매, 성년 후견 사업으로 나눌 수 있다. 시설 사업은 입주 시설 사업과 주야간 보호 사업으로 구성되는데, 매출은 3억 2,828만 엔으로 전체의 8.9%를 차지한다. 복지 사업과 시설 사업을 합친 전체 복지 사업이 총매출에서 차지하는 비율은 27.7%이고, 그중 노인 장기 요양 보험 관련 매출액은 6억 4,416만 엔으로 총사업의 17.4%를 차지한다.

가장 최근인 2015년의 총매출액은 38억 8,486억 엔이었다. 이 중 가정 공급 사업 매출은 25억 186만 엔으로 총매출액에서 차지하는 비율이 64.4%로 감소했다. 복지 사업액은 22.4%, 시설 사업액은 11.2%로 합쳐서 33.6%이다. 이 중 장기 요양 보험 관련 사업은 9억 1,343만 엔으로 총매출액에서 차지하는 비율은 23.5%이다.

이렇게 가정 공급 사업은 정체, 감소하는 대신 복지 사업, 시설 사업이 증가하면서 사업 구조가 급속하게 바뀌고 있다. 복지 서비스 확충에 따라 조합원 가입 동기가 가정 공급 이용 중심에서 각종 복지 서비스 이용으로 변화한 것에 따른 결과다. 복지 서비스를 이용하는 조합원

표2 조합원 연령대별 구성 (%)

	복지클럽생협			전국		
	1999	2009	2016	2000	2009	2015
~30세	1.9	0.7	0.7	4.3	2.4	1.8
31~40세	18.6	4.5	5.2	21.6	13.9	11.7
41~50세	28.8	13.3	9.2	26.5	22.2	19.1
51~60세	22.9	26.7	13.5	26.1	24.4	19.6
61~70세	9.3	31.5	26.7	13.9	21.2	23.4
71세~	5.7	22.3	39.7	5.2	10.9	17.5
미확인	13.0	1.0	4.9	2.4	5.0	6.9
합계	100.0	100.0	100.0	100.0	100.0	100.0

* 일본생협연맹에서 필자 작성.
주: 전국은 해당 년도의 전국 생협 조합원 의식 조사 보고서에서 발췌했다.

은 고령자가 많아, 필요한 복지 서비스만 이용하고 가정 공급은 이용하지 않는 경우도 많다.

조합원 구성 변화

복지 서비스가 충실해지면서 가입 조합원 연령대도 크게 변화했다(표2). 복지클럽생협 설립 당시에는 복지 서비스가 가사 지원뿐이어서 가입 이유도 가정 공급 이용이 중심이라 일반 구매 생협의 조합원 나이 구성과 큰 차이가 없었다. 그러나 10년이 지난 1999년의 나이 구성을 보면 설립 당시에 없었던 71세 이상 조합원이 5.7%가 되었고, 2009년에는 장기 요양 보험 사업에 참여하면서 주간 보호 이용자가 늘어 71세 이상이 22.3%까지 늘었다. 대신 30세 이하와 40세 이하 조합원은 1999년 20.5%에서 2009년에는 5.2%까지 줄었다. 가장 최근인 2016년 9월의 조합원 나이 구성을 보면 30세 이하와 40세 이하가 2009년에 비해 약

간 늘어나는 경향을 보였고, 50세 이하는 일관되게 감소했다. 60세 이
하와 70세 이하는 2009년에는 늘어나는 경향을 보였으나 2016년에는
감소로 돌아섰다. 대신 71세 이상 조합원이 크게 늘었다.

나아가 1년간(2015년 10월~2016년 9월)의 나이 구성을 보면 30세 이
하가 2.0%, 40세 이하가 12.9%, 50세 이하가 9.6%, 60세 이하가 9.2%,
70세 이하가 18.5%, 71세 이상이 45.0%, 미확인이 2.1%이다. 71세 이
상이 가입자의 절반에 육박하고 있고, 한편으로 육아 지원 서비스를 각
지자체 행정구에서 전개한 결과 30대, 40대 조합원이 현저하게 늘었다.

2015년에 신규 조합원(1,771명) 가입 절차를 진행한 W.Co 비율을
보면 가정 공급 계열 W.Co가 30%, 복지 사업 계열 W.Co가 55%, 시설
사업 계열이 5%, 기타가 10%로 가정 공급을 이용할 목적으로 가입하
는 비율은 30%에 그쳤고, 복지 사업 계열이 과반을 차지했다. 가입 경
로를 보면 48%가 소개를 통한 가입이었는데, 좀 더 세분해보면 가장 많
은 것이 W.Co 구성원 소개로 29%, 조합원 소개가 23%, 케어 매니저 소
개가 17%, 지역 포괄 센터 소개가 12%, 지역 주민 소개도 9%였다.

2015년의 탈퇴 조합원(1,752명) 나이 구성을 보면 30대 미만 1%,
40대 미만 9%, 50대 미만 11%, 60대 미만 10%, 70대 미만 18%, 71세
이상 42%, 미확인 2%이다. 71세 이상 고령자 탈퇴가 압도적으로 많은
데, 가장 큰 이유는 서비스 미이용(일찍이 이용했으나 이용하지 않게 된 후 일
정 기간이 지난 상태), 또는 서비스 종료였다. 서비스 종료란 조합원의 시
설 입소, 입원, 사망 등으로 인한 탈퇴이다.

조합원 서비스 이용 현황별 탈퇴를 보면, 미이용자가 58%, 단일 서
비스 이용자가 39%이고 복수 서비스 이용자의 탈퇴는 3%였다. 복지클
럽생협의 재가 복지 서비스를 여러 개 이용하는 조합원은 탈퇴하지 않

표3 복지클럽생협 W.Co 현황 (2016년 3월 말)

종류	사업내용	단체 수 구성원 수
세와야키 W.Co	주 1회, 안전한 식자재를 '잘 지내세요'라는 안부 인사와 함께 전달한다. 어려운 일이 있을 때 상담 상대가 되어 주고, 다양한 서비스 정보도 제공한다. 복지클럽생협의 기초 조직이다.	20단체 773명
가사 지원 W.Co	나이와 상관없이 도움 요청이 들어오면 지원한다. 장기 요양 보험 사업에도 참여하고 있다. 복지클럽의 다양한 복지 서비스 W.Co의 모체가 되는 조직이다.	21단체 981명
식사 서비스 W.Co	월~토까지 직접 만든 저녁 식사를 배달한다. 복지클럽생협의 소비재를 사용해서 만들고, 배달하고 케어를 제공한다. 입주시 설 식사도 만든다.	8단체 224명
이동 서비스 W.Co	자동차로 외출을 지원하는 서비스이다. 통원만이 아니라 쇼핑, 연극 관람 등 이동의 자유를 지원한다. 자가용차도 사용할 수 있다.	13단체 303명
육아 지원 W.Co	아이를 키우는 가정을 지원한다. 자택 보육, 일시 보육을 한다.	9단체 201명
라이프 서포트 W.Co	복지관련용품 상담·판매·대여	2단체 50명
재가 보호 지원 W.Co	케어 매니저가 장기 요양 보험 관련 상담, 수속을 지원한다.	6단체 97명
강좌 W.Co	방문 요양원 2급 양성 강좌, 가이드 헬퍼 양성 강좌 등을 기획 실시한다.	1단체 13명
주간 돌봄 W.Co	9개 주간 보호 시설, 치매 전문, 반나절, 살롱(자비) 등 다양한 서비스를 제공한다.	9단체 319명
생활 지원 W.Co	복지클럽생협이 생협으로서는 최초로 운영하는 주택형 유료 노인 입주 시설을 담당한다. 많은 워커즈가 서비스를 지원한다.	2단체 84명
웰비 살롱 W.Co	건강한 노인들이 삶의 보람을 느끼면서 새로운 만남을 가질 수 있도록 회원제 서비스를 코디네이트하는 워커즈이다.	3단체 33명
센터 업무 W.Co	배송 센터에서 조합원에게 공급할 소비재 세팅, 주문서 집계, 전화 문의 대응, 사무 전반을 담당한다.	3단체 147명
본부 사무 W.Co	생협 본부의 총무, 경리, 서무 업무를 직원과 함께 담당한다. 타 W.Co에 대한 회계 교육도 실시한다.	1단체 8명
신청 용지 제작 W.Co	매주 사용하는 가정 공급 주문 용지를 만든다.	1단체 7명
센터 배송 W.Co	복지클럽생협 4개 배송 센터 간 정보 교환과 물류를 담당한다.	1단체 7명
후견 지원 W.Co	판단 능력이 저하되어도 마지막까지 자신다운 생활을 할 수 있도록 생활을 지원(성년후견인)한다.	1단체 31명
지역 기술 W.Co	에어컨 청소, 미닫이문 수리, 정원 손질, 출장 미용원, 의상 리폼 등 조합원끼리 서로 돕는다는 마음으로 지원한다.	6단체 85명
LPA W.Co	생협 공제·보험과 관련한 상담을 해 주는 라이프 플랜 어드바이저(LPA)도 워커즈이다.	1단체 13명
		합계 108단체 합계 3,385명

*복지클럽생협 홈페이지, 총회 자료를 바탕으로 필자 작성.

는 경향이 있다는 것을 알 수 있다.

W.Co 사업 내용과 복지클럽생협과의 계약 관계

복지클럽생협과 쌍무 계약을 맺고 있는 W.Co는 108개 단체이다. 자세한 것은 표3을 보면 알 수 있는데, 사업 분야별로는 가정 공급 사업 관련 단체가 25개, 복지 사업 관련 단체가 60개, 시설 사업 관련 단체가 14개, 이용 사업 관련 단체가 6개, 기타 3개이다.

앞에서 설명했듯이 W.Co는 지자체·행정구 단위로 활동하며, 조합원 증가에 맞춰 새로운 W.Co를 만드는 것을 모델로 삼고 있다. 조합원이 300명 정도 되면 세와야키 W.Co와 가사 지원 W.Co라는 2개의 W.Co를 만들고, 이후 이동 서비스 W.Co, 식사 서비스 W.Co, 육아 지원 W.Co를 만들면서, 조합원 1000명을 목표로 복합 복지 시설을 건설해 시설 관련 W.Co, 재가 지원 W.Co를 계획적으로 만들어간다. 입주 시설이 있는 요코하마시 고호쿠구, 가마쿠라시는 W.Co가 10개가 넘는다. 세와야키 W.Co와 가사 지원 W.Co를 기본으로 하면서, 복지 사업 관련 W.Co와 시설 사업 관련 W.Co를 차례로 만들어 서비스 질을 높여가고, 그 과정에서 다시 W.Co가 생겨난다.

지금부터는 W.Co와 복지클럽생협의 위탁 관계를 포함해 W.Co의 실태를 세와야키 W.Co와 가사 지원 W.Co 사례를 통해 살펴보기로 하자.

【세와야키 W.Co】

복지클럽생협 활동의 가장 기본이 되는 것이 세와야키 W.Co이다. 세와야키 W.Co는 생협의 가정 공급 사업 중 조합원에게 직접 공급하는 부분을 위탁받아서 하고 있는데, 이름 그대로 조합원의 '세와야키(돌보는 사람)'로서, 조합원들의 다양한 요구를 복지클럽생협에 구체적으로 연결하는 역할을 한다. 지자체 행정구 별로 총 20개 조직이 있으며, 복지클럽생협의 기관 회의로 세와야키 W.Co 연락 회의가 있다. 조합원 가입 촉진, 소비재 취급 결정, 개발과 이용 촉진 활동을 맡는다.

세와야키 W.Co가 위탁받아서 하는 업무는 ①포인트 업무, ②가정 공급 업무, ③복지클럽생협 조합원 가입 관련 업무, ④공제 가입 관련 업무 등이다. ③과 ④는 모든 W.Co가 공통으로 위탁을 받아서 하고 있다. 즉 모든 W.Co가 복지클럽생협의 조합원 가입 창구가 된다. ③, ④와 관련해 복지클럽생협이 W.Co에 주는 위탁료는 '그린티켓'이라는 소비재와 교환할 수 있는 티켓으로 지불한다.

①에서 말하는 '포인트 업무'란 소비재를 조합원에게 배달하는 업무인데, 배달 방법은 '반'을 상상하면 이해하기 쉽다. 반원 중에 반장이나 전임 당번 역할을 하는 조합원이 세와야키 W.Co의 상근 구성원이 되어, 반원이 주문한 물품을 한꺼번에 받아서 반원들에게 배달하는데 그 단위가 '포인트'이다. 포인트는 반 기능을 가지는 동시에 W.Co 구성원이기도 하고, 장소이기도 하다. 복지클럽생협에서는 세와야키 W.Co를 배달 조직이 아니라 복지 조직으로 생각한다. 포인트에는 복지 서비스만 이용하는 조합원도 있는데, 가정 공급을 이용하지 않아도 적어도 한 달에 한 번은 복지 서비스 이용 요금 청구서와 정보지를 전달하기 위해 방문한다. 이런 경우는 소비재 이용에 따른 위탁료를 청구하지 못하기 때문에 월 100엔의 조합원 위탁료를 복지클럽생협이 포인트에 지불한다. 포인트는 1명이 하는 곳도 있고 여러 명이 하는 곳도 있으며 담당하는 조합원 수도 2~3명에서 수십 명까지 다양하다. 배달 방법도 일률적이지 않으며, 각 조합원의 사정에 맞춰 포인트 W.Co 구성원의 재

량에 맡기고 있다.

포인트 안에서 구성원끼리의 관계를 만들어내는 일은 포인트 후계자를 만드는 일과는 연결되기 때문에 '포인트 다과회'(포인트 워커가 자신이 담당하는 지역의 조합원을 초대해 함께하는 다과회)를 권장하고 있으며, 1회 2,000엔을 지원하는데, 그다지 활용되지는 않는다(연 20회 정도). 또 매년 조합원을 초대해 크리스마스와 새해 음식 시식회를 100~120곳에서 개최하고 있다. 6월에는 지자체 행정구별로 '복지 축제'를 열어 조합원 참여를 독려하며 조합원 간의 교류를 꾀하고 있다.

포인트의 각 W.Co 구성원은 자신이 배달을 담당하는 조합원의 가정 공급 이용 금액 중 6%를 위탁 비용으로 복지클럽생협에서 받으며, 그중 5.5%를 소속 W.Co에 낸다. 이것이 W.Co 운영비가 된다.

②의 가정 공급 업무 위탁은 지역에 포인트가 없는 곳에 세와야키 W.Co 구성원이 경차를 이용해 배송하는 방식이다. 포인트와 마찬가지로 복지클럽생협으로부터 차량 유지비에 상당하는 고정 금액과 조합원 이용 금액의 일정 비율을 위탁 비용으로 받으며, 마찬가지로 일정 비율을 W.Co 운영비로 낸다.

2016년 9월 말 포인트 수는 578개이며 포인트 업무를 담당하는 W.Co 구성원은 566명이다. 담당하는 조합원 수는 6,662가구로 전체 조합원의 41%에 해당한다. 1포인트당 담당 조합원 수는 평균 12가구이지만, 앞에서 말한 대로 평균적인 포인트가 많은 것은 아니다. 가정 공급 업무를 담당하는 W.Co 구성원은 133명이며, 담당하는 조합원 수는 7,253가구로 전체의 44%에 해당한다. 나머지 15%의 조합원은 직원이 맡고 있다. 담당 우선 순위는 포인트가 최우선이고 다음이 W.Co 가정 공급 업무 위탁이며, W.Co가 담당하지 않는 경우는 직원이 배달한다.

세와야키 W.Co 구성원 확대와 관련해서는 현재 생협의 반이 안고 있는 문제를 똑같이 가지고 있다. 도시 지역에서의 인간관계 단절, 여성 취업 증가 등으로 지역 활동을 할 수 있는 사람이 줄고 있어 고전하는 중이다. 복지클럽생협의 각 행정 단위 조직이 최선을 다해 포인트를 만들고 있지만, 이사나 고령으로 그만두는 사람이 많아 아주 약간 증가하는 정도에 머물고 있다.

【가사 지원 W.Co】

모든 행정구는 세와야키 W.Co와 가사 지원 W.Co를 가지고 있다. 세와야키 W.Co는 모든 조합원이 이용하는(할 수 있는) 가정 공급을 담당하지만, 가사 지원 W.Co는 필요해지면(필요로 하는) 조합원이 이용하는 서비스이다. 21개 단체가 있고 기관 회의로 '가사 지원 W.Co 연락 회의'가 있으며, 커뮤니티 옵티멈 복지의 영역을 넓히는 활동, 장기 요양 보험 사업과 관련한 대응을 논의하고 결정한다.

가사 지원 W.Co가 위탁받아서 하는 업무는 ①재가 복지 서비스 관련 업무, ②지역 복지 및 재가 복지 참여를 독려하는 교육 사업 관련 업무, ③복지클럽생협 조합원 가입 관련 업무, ④공제 가입 관련 업무이다.

가사 지원 W.Co가 장기 요양 보험 제도에 참여하기 전에는 유료 자원 봉사자들의 '가사 지원 W.Co'라는 이름을 사용했다. 말하자면 풀 뽑기 등 가사 지원과 관련된 도움을 필요로 하는 사람에게 제공했다. 그 때문에 장기 요양 보험 제도가 시작되면서 제도에 참여할지를 두고 많은 논의가 이루어졌다. 장기 요양 보험에 포함되지 않는 서비스를 제공하는 경우가 많았기 때문이다. 장기 요양 보험의 경우 생활 지원은 시간당 단가가 4,000엔 정도인데 가사 지원 W.Co가 받던 가사 지원 시비

스 요금은 시간당 720엔이었다. 장기 요양 보험 사업에 참여하게 되면
W.Co수입은 단숨에 올라가겠지만 자격이나 서비스 제한 문제가 발생
하게 된다. 논의 결과 조합원에 대한 서비스를 유지하고, 이를 위해 장
기 요양 보험 제도에 참여하며, 일하면서 생기는 문제는 그때그때 해결
해나간다는 자세로 참여를 결정했다. 가사 지원 W.Co의 주요 취지는
'내가 받고 싶은 서비스를 제공한다'는 것이 원래의 출발점이었기 때문
에 장기 요양 보험이 적용되는 서비스와 그렇지 않은 서비스 둘 다 이
용자의 필요에 맞춰 조합하여 제공하고 있다.

　가사 지원 W.Co의 2016년 8월 활동 실적을 보면, 21개 단체를 합
친 구성원 수는 980명, 당월 가동 인원수는 656명(가동률 68.9%), 이용
자는 1,459명이고 그중 조합원이 1,113명(76.3%)이다. 이용 내용을 보
면, 장기 요양 보험 이용자가 947명(방문 요양 474명, 돌봄 예방 236명, 종합
사업 168명, 장애인 지원 사업 64명, 기타 행정 위탁 5명)이고, 우리가 커뮤니티
옵티멈 복지[5]라고 부르는 장기 요양 보험의 적용을 받지 못하는 서비스
이용자는 784명으로, 전체 합계 이용자 수는 1,731명이다. 즉 이용자
합계(1,459명)와 차이가 나는 272명이 커뮤니티 옵티멈 이용자 784명
중 장기 요양 보험과 함께 이용하는 이용자가 된다. 한편, 복지클럽생협
의 커뮤니티 옵티멈 서비스는 가사 지원 W.Co 이외에 식사 서비스나
이동 서비스 등이 있으며, 이 서비스들과 함께 이용하는 수치는 포함되
어 있지 않다.

　8월의 서비스 제공 시간은 1만 2,920시간으로 좀 더 세부적으로
살펴보면 방문 요양 5,309시간, 돌봄 예방 1,153시간, 종합 사업 831시

---

5   도표2 참조.

간, 장애인 지원 사업 562시간, 기타 행정 위탁 사업 42시간, 커뮤니티 옵티멈 5,023시간이다. 한편, 가사 지원 W.Co 이용자의 연간 이용 시간 중 장기 요양 보험이 차지하는 비율은 2015년에 전체의 약 55%로 나타나 2000년대 전반의 약 70%에 비하면 줄어드는 추세이다. W.Co는 법인격을 가지고 있지 않아서 장기 요양 보험법상의 사업자는 복지클럽 생협이며, 각 W.Co는 그 사무소로 되어 있다.

가사 지원 W.Co와 복지클럽생협의 위탁 비용 계약 내역(장기 요양 보험 관련 사업은 제외)을 보면, W.Co의 사업 수입 중 복지클럽생협에 본부 운영비로 5%, 커뮤니티 옵티멈 복지 대책비로 2%를 내고 있다. 본부 운영비는 복지클럽생협 활동 전체에 대한 운영 부담금이다. 복지클럽생협 본부의 가정 공급 사업 수입을 제외한 복지, 시설 사업에서 나오는 수입이 본부 운영비이며, 그 밖에 생협 소유 건물, 복지 시설의 W.Co 임차료 수입이 있다. 커뮤니티 옵티멈 대책비는 새롭게 재가 복지 활동이나 W.Co를 만들기 위해 복지클럽생협 조직 전체에서 합의한 W.Co 분담금이다. 2015년 복지, 시설 사업 관련 W.Co가 분담한 본부 운영비는 1억 1,416만 엔이며, 커뮤니티 옵티멈 대책비는 2,478만 엔이었다.

그 밖의 W.Co에 관한 사항은 표3을 참조해주길 바란다. 가사 지원 W.Co도 업종별로 기관 회의를 가지고 있다.

공육(共育)의 필요성

W.Co로 사업을 하다보면 초기에 W.Co를 만들 때부터 함께했던 구성원과 조직이 만들어진 후 나중에 들어온 사람들 사이의 생각 차이가 커진다. '운동으로 참가한 사람'과 '일로 고용되었다고 생각하는 사람' 사이의 의식 격차인데, 이를 메꾸면서 운동을 계속해나가기 위해서는 '공

육'이 반드시 필요하다.

공육은 복지클럽생활이 만들어낸 조어다. '가르친다'라는 의미가 강한 '교육'이 아니라, '함께 배우는' 관계로 가르치는 쪽도 배움을 얻어 상호간의 이해를 좁히는 것을 추구한다. 기능이나 지식의 습득이 아니라 인간적 공감, 가치관을 공유하는 방법이다. 선배 W.Co 구성원의 이야기를 듣거나 그룹 토의 등 지역과 업종을 뛰어넘어 경험의 나누면서 복지클럽생활의 W.Co로서의 일체감을 기른다.

이를 위해 복지클럽생협은 다양한 단계에서 공육을 하고 있다. 먼저 신입 W.Co 공육이 있다. 연간 약 400~500명의 신입 W.Co가 들어오기 때문에 이들을 대상으로 한 신입 공육을 격월로 시행한다. 다음 단계로 스텝업 공육이 있다. W.Co 활동을 하다보면 다양한 의문이 생긴다. '왜 분배금[6]이 이렇게 적지' '왜 전단을 돌려야 하지' '왜 자격증이 있는데 없는 사람과 분담금이 같지' '왜 회의에 나가야 하지' 등의 의문은 당연히 생겨나기 마련이다. 이런 의문은 제기하는 사람에게 자신이 어떤 일을 하는지를 이해하는 입구가 되며 의문에 답하는 쪽도 자신이 하고 있는 일에 대해 정확히 말로 표현할 수 있어야 한다. 이것이 스텝업 공육의 목적이다.

다음으로, W.Co 사무국 구성원 공육, W.Co 리더 공육이 있다. W.Co는 108개 단체가 있는데, 이사장은 2년에 한 번 선거로 뽑는다. 대부분 2기 4년을 임기로 하고 있어서 100단체가 있으면 매년 30~40명이 새롭게 이사장이 된다. 이런 신입 이사장 공육과 W.Co 이사장 전원을 대상으로 하는 W.Co 대표자 공육도 매년 이루어진다.

---

6   일반적으로 말하는 급여에 해당한다.(옮긴이)

의료복지생협연합회 가입

현재 일본 정부는 '지역 포괄 케어'를 확대하고 있다. 지금의 제도로는 고령 사회의 부담을 감당하기 어려운 탓에, 재정 부담을 누가 질 것인지 명확히 하지 않은 채 지역 사회(기초 자치 단체)로 던지고 있다. 이는 익숙한 지역에서 계속 살아갈 수 있도록 재가 복지 시스템을 생활 권역에 만든다는 점에서 복지클럽생협이 내건 방향과 같다. 문제는 시민 참가가 어디까지 이루어질 수 있는가이다. 복지클럽생협도 W.Co 유무나 수에 따라 지자체 행정구별로 서비스 차이가 있어 조합원에 대한 서비스 평등성 확보가 쉽지 않다는 문제를 안고 있는데, 지역 사회에 거의 내던지다시피 한 지역 포괄 케어로는 지자체 간 격차를 한층 넓히게 될 것이다.

기초 자치 단체가 '지역'의 주체를 자립한 시민으로 할 것인지 기업으로 할 것인지 알 수 없지만, 우리는 자립한 시민으로서 지역 포괄 케어의 주체가 되고자 한다. 이를 위해 적극적으로 행정과 정책에 관여해나간다는 방향을 설정해 두고 있다. 지역 포괄 케어에서는 의료와의 협력이 필요하다. 직접 의료 사업을 하지 않는 복지클럽생협은 의료 생협과의 지역 협력을 확대해나가기 위해 2015년에 일본의료복지생협연합회에 가입했다. 각 지역에서 의료 생협 및 그 조합원과 협력해 서비스의 상호 제공을 통해 실질적인 지역 포괄 케어를 추진해나가고자 한다.

5_마무리

사업구성과 조합원의 변화

도표4는 복지클럽생협의 사업 구성 변화 추이를 나타낸 것이다. 2000

년대 전후로 사업구성이 크게 변화했다는 것을 한눈에 알 수 있다. 설립
초기부터 1994년까지는 가정 공급 사업이 주였고 복지 사업은 100만
엔 대에 불과했는데, 1995년부터 2,000만 엔을 넘어선 후 1990년대 후
반부터는 조금씩 증가하고 있다. 장기 요양 보험에 참여하게 되는 1999
년 무렵부터는 복지 사업의 성장이 두드러진다. 시설 사업도 2003년
에 시작해 순조롭게 성장하고 있다. 장기 요양 보험 참여가 복지, 시설
사업의 성장을 가져왔다고 할 수 있지만, 장기 요양 보험 참여 이전인
1999년에 이미 복지 사업이 성장한 것은 돌봄에 대한 조합원 요구가 높
았고 그에 부응해 복지클럽생협의 독자적인 사업이 성과를 냈기 때문
이라고 할 수 있다. 한편, 가정 공급 사업은 2002년을 정점으로 후퇴 국
면에 들어가 지금은 정체 상태이다.

　　도표5는 조합원 수와 W.Co 구성원 수의 변화를 나타낸 것이다. 조
합원 수는 도표4에서 알 수 있듯이 2000년 전후로 큰 전환이 이루어졌
다. 가정 공급 사업 확대는 조합원 확대로 이어졌지만, 복지, 시설 사업
성장은 그다지 조합원 확대로 이어지지 못했다. 한편, W.Co 구성원 수
변화는 일관되게 순조롭게 늘고 있으며, 복지, 시설 사업 확대가 W.Co
확대에 따른 것임을 알 수 있다.

　　조합원 연령대 변화를 보면(표2), 1999년 무렵은 아직 전국의 생협
과 큰 차이가 없었는데, 점차 고령자 쪽으로 옮겨가더니 지금은 조합원
의 약 40%가 71세 이상이다. 다른 생협의 평균과 비교해보면 확실히
71세 이상이 많고 조합원 연령대가 높다. 이렇게 조합원 나이 구성에서
차이가 나타나게 된 것은 복지클럽생협 사업이 점차 복지 사업으로 옮
겨갔기 때문이다. 이 수치를 보면 복지클럽생협이 보다 복지를 전문으
로 한 생협화를 통해 복지전문생협으로서의 내실을 강화하고 있다는

도표4   복지클럽생협 사업 (만 엔)

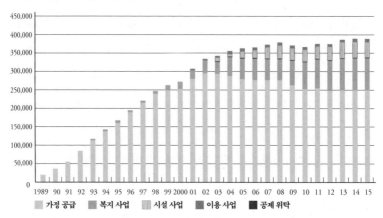

■ 가정 공급   ■ 복지 사업   ⬚ 시설 사업   ■ 이용 사업   ■ 공제 위탁

* 연도별 총회 의안서를 토대로 작성

도표5   복지클럽생협 조합원 및 W.Co 구성원 변화 (명)

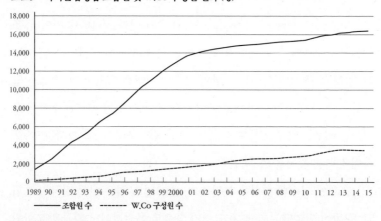

──── 조합원 수   ------ W.Co 구성원 수

* 복지클럽생협 제공 자료를 토대로 작성

것을 알 수 있다. 조합원 나이 구성의 고령화는 복지, 시설 사업의 성장으로 이어졌지만, 한편으로 가정 공급 이용 조합원의 확대는 힘들어지게 했다.

도표6   복지, 시설 사업 추이 (만 엔)

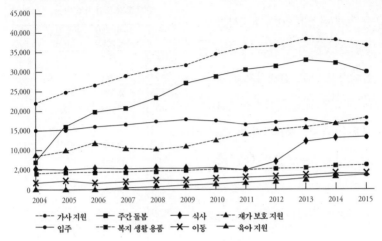

| --●-- 가사 지원 | -■- 주간 돌봄 | -◆- 식사 | -▲-- 재가 보호 지원 |
| -●- 입주 | -■- 복지 생활 용품 | -✕- 이동 | -▲- 육아 지원 |

*복지클럽생협 제공 자료를 토대로 작성

　　도표6은 복지, 시설 사업별 사업액 추이를 나타낸 것이다. 2004년 이후의 데이터만 있는데, 복지 및 시설 사업은 가사 지원과 주간 보호 사업이 중심이며 이 두 부분의 성장이 복지, 시설 사업을 견인해왔다. 식사 서비스는 일정 규모를 유지하고 있고, 재가 보호 지원 사업은 조금씩 성장하고 있다. 시설 입주 서비스는 2013년에 비약적으로 성장했는데, 생협 본부도 입주해 있는 42가구가 거주할 수 있는 주택형 유료 노인 요양 시설을 중심으로 한 복합 복지 시설=기라리 고호쿠 건설에 따른 것이다. 또 하나, 사업액은 4,000만 엔이 조금 못 되지만, 육아 지원 사업이 최근 순조롭게 성장하고 있다. 이는 젊은 세대 조합원 확대로 이어지며, 순환형 서로 돕기(오타가이사마) 사업에서는 중요하다. 2013년부터 가사 지원, 주간 보호 사업이 감소하고 있는데, 장기 요양 보험 제도 재편에 따른 보수 감소가 원인이며, 특히 소규모 주간 보호 비중이

크다는 것이 보수 감소에 영향
을 크게 미치고 있다. 대도시는
주간 보호소가 난립해 경쟁이
심해지고 있고, 전체적으로 헬
퍼 부족 현상으로 복지클럽생
협을 포함해 가사 지원 W.Co
도 구성원 부족으로 조합원 의
뢰에 대응하지 못하고 거절하
는 사례가 나타나고 있는데, 이
것 역시 그 배경에는 보수 감소
가 자리하고 있다.

표4는 복지, 시설 사업 매
출에서 차지하는 장기 요양 보
험 사업 비율을 나타낸 것이다.
장기 요양 보험 비율은 제도

**표4 복지, 시설 사업 추이(만 엔)와
장기 요양 보험 사업 비율**

	복지·시설 사업 계획A	요양 보험 사업B	B/A %
2000년	18,661	8,568	45.9
2001년	23,071	13,116	56.9
2002년	35,464	20,445	57.7
2003년	46,908	27,447	58.6
2004년	63,730	36,104	56.7
2005년	78,479	48,231	61.5
2006년	85,981	52,679	61.3
2007년	89,370	67,958	76.0
2008년	95,290	71,531	75.1
2009년	102,342	77,216	75.4
2010년	109,013	70,192	64.4
2011년	113,269	74,295	65.6
2012년	119,412	77,099	64.6
2013년	130,328	81,414	65.5
2014년	131,709	81,167	61.6
2015년	130,487	79,792	61.1

*연도별 총회 의안서를 토대로 작성

참여 때부터 계속 증가해왔는데, 2007년을 정점으로 서서히 감소하여
2015년에는 61.1%가 되었다. 나머지 40%는 복지클럽생협 독자(커뮤니
티 옵티멈) 사업으로, 이 비율이 늘어나고 있다는 점에서 독자 사업의 우
위성과 장기 요양 보험 사업과의 적정 배치가 점차 이루어지고 있다고
볼 수 있다. 참고로 복지클럽생협은 장기 요양 보험 비율을 제도 참여
당시부터 '7(커뮤니티 옵티멈) : 3(장기 요양 보험)'으로 자체 관리 기준을
정해두고, 30% 수준으로 유지하고자 했다.

장기 요양 보험 제도는 대상자가 실생활에서 겪는 어려움들 중에
서 서비스 기준 범위에 속한 것만 지원한다. 게다가 가사 지원이 아니

라 신체 지원을 중심으로 작업을 단위화해 편성하고 있어서 지원 대
상자의 요구에 부응하는 데 '한계'가 있다. 그 때문에 장기요양보험 바
깥에 있는 서로 돕기나 커뮤니티 옵티멈 사업과 같은 활동이 뒷받침
될 때 장기 요양 보험 사업은 비로소 '부분 시스템'으로서 유효하게 기
능할 수 있다.[7] 복지클럽생협에서는 장기 요양 보험 사업의 '부분 시스
템'화, 즉 독자 사업을 토대로 한 장기 요양 보험 사업과의 적정 배치가
조금씩이기는 하지만 진전되고 있다고 볼 수 있다. 장기 요양 보험 제
도의 한정성, 문제점과 커뮤니티 옵티멈 사업의 우위성과 관련해서는
복지클럽생협 홈페이지의 가사 지원 서비스 코너에 올라온 '이용자 의
견'을 통해 확인할 수 있다.

복지클럽생협이란

이 장 서두에서 다루었듯이 복지클럽생협은 1989년에 설립된 복지전
문생협으로, 1970년대에 발전한 일본의 가정 공급형 생협과는 다른 형
태의 생협이다.

먼저 가정 공급 사업의 목적이 다르다. 소비재의 공동 구매를 사
업을 중심 중 하나로 보고 있지만, 소비재 공급의 주목적은 안부 확인
과 장보기 지원이어서, 주문하지 않아 배달할 소비재가 없어도 방문한
다. 포인트 워크는 안부를 확인하고 다른 복지 서비스와 연결하는 창구
이며, 장보기를 계기로 다른 복지 요구를 파악하는 안테나 역할을 한다.
복지클럽의 가정 공급 사업은 장보기 협동이기는 하지만, 소비재 구매

---

7   森川美絵, 《介護はいかにして「労働」となったのか―制度としての承認と評価のメカニ
     ズム―》, ミネルヴァ書房, 2015, 마지막 장. 이 책의 2장 4번과 5번 주석 참조.

는 목적의 하나일 뿐 주목적은 아니다. 가사 지원의 일환으로서의 장보기 협동, 즉 장보기를 지원하는 협동 방식이다. 구매 주체가 하고 싶어도 하지 못하는 장보기 행위와 직접 장을 보고 싶다는 마음을 지원하는 것이 장보기 지원인데, 그것을 협동조합적으로 조직화한 것이 세와야키W.Co이다. 장기 요양 보험 제도에서 제공하는 방문 요양에도 장보기가 가사 지원 서비스에 포함되어 있는데, 여기서 말하는 장보기는 가사 지원, 즉 케어의 일환으로서의 장보기이다.[8] 돌봄이 필요한 고령자에게 필요한 장보기와 생협 가정 공급의 중심 이용자층인 한창 아이를 키우는 주부의 장보기는 다르다.[9]

따라서 복지클럽생협은 복지를 중심적인 사업 영역으로 하는 '복지전문생협'이며, 구매 생협과는 다른 새로운 생협이다. 구매 생협은 구매 노동의 협동적 사회화 형태이며, 상품의 질과 가격에 관계하면서 상품을 요구하는 협동이다. 구매 생협은 시대를 반영하면서 자치회 생협, 노동조합 복지형 생협, 공동 구입형 생협과 같은 형태를 띠었다.[10] 모두 생활 수단의 상품화를 배경으로, 상품화 정도에 맞춘 시대별 구매 노동을 둘러싸고 나타난 생활 과제에 대응한 형태였다. 복지클럽생협은 가정 공급을 사업에 포함하고 있지만 목적은 장보기 지원이며, 요양, 돌봄과 같은 케어 워크를 협동적으로 사회화한 구매 생협과는 다른 복지 전

8   단, 장기 요양 보험 제도에서 장보기를 포함한 가사 지원은 개별 업무로 매우 세분되어 있는 데다 장기 요양 보험의 대상이 되는 행위가 한정되어 있어, 반드시 지원 대상자나 그 가족의 생활상의 어려움이나 장보기에 대한 개인적 생각이 존중받고 있지는 않다. 石田一紀, 〈第3部 介護過程論の構築に向けて〉,《人間発達と介護労働》, かもがわ出版, 2012, 참조.
9   〈座談会 高齢化する生協組合員の実態〜共同購入を中心に〉, 季刊《くらしと協同》 2016冬号, No. 19, くらしと協同の研究所.
10   田中秀樹,《北海道生協運動史》, 北海道生協編, 北海道生活協同組合連合会, 1987.

문 생협이다.

두 번째로 세와야키W.Co의 포인트는 '반의 현 단계적 발전 형태'
로, 장보기 단위라기보다 복지 단위로 반이 현 단계에 맞게 지역에 재조
직된 것으로 볼 수 있다. 포인트는 장보기 지원을 매개로 지역의 복지
를 담아내는 단위이다. 이전의 반과 다른 점은 포인트는 공급을 이용하
는 조합원과 포인트 워커 사이의 종적인 관계가 중심이며, 이용 조합원
끼리의 횡적인 관계를 맺을 수 있는 장이 충분하지 않다. 조합원끼리의
횡적 관계를 만들기 위해 '포인트 다과회'도 장려하고 있는데 이용률이
높지 않다.

2장에서도 다루었듯이 집락 차원에서 이루어지는 농촌 지역의 미
니 주간 보호 서비스는 참가하는 어르신들이 이미 서로 알고 있을 뿐
아니라 미니 주간 보호 서비스 단위에서의 어르신들끼리의 활동으로
발전하는 사례도 있다. 반의 실체를 유지하기 위해서는 이용 조합원끼
리의 연결이 필요하다. 단 자립한 개인의 협동으로서 실체적인 협동을
모색하는 것이 아니라 지원을 필요로 하는, 보기에 따라서는 사회적 약
자인 노인을 주체로 규정하고 지역과의 연결 고리를 유지하려는 점에
다른 생협과는 차별점을 둔 복지클럽생협의 독자성이 있다. 포인트 워
커가 어떻게 하느냐에 따라 거주 지역에 기초를 둔 포인트는 구성원 간
의 횡적 연결을 발전시키는 계기가 될 수 있다.

이런 차이를 분명히 해야 다른 생활클럽생협의 개별 공급 시스템
과의 차이를 알 수 있고, 개별 공급 시스템으로 변해가지 않을 수 있다.
실제로 복지클럽생협은 그 모체인 생활클럽생협 진영으로의 동화, 즉
합병 대상이 된 적이 있다. 생활클럽생협 진영에서조차 그 차이를 의식
하거나 인지하지 못해 이질적인 존재인 채 존속하고 있는 것처럼 보인

다. 생활클럽생협에서는 개별 공급 시스템을 기초로 반을 대신할 협동
조직, 즉 개인의 연합=어소시에이션을 모색하고 있는데, 그 실태는 아
직 명확하지 않다. 더불어 생활클럽생협 이외의 생협에서는 구매 분야
의 반을 대신할 협동 실체에 대한 모색조차 방관 중인 현실이라 할 수
있다.

세 번째로 설립 당시의 배경이 다르다. 복지클럽생협이 등장했던
1989년은 가정 공급 생협이 생겨난 1970년대와는 시대가 달라 조합원
도 요구도 달랐다. 조합원 나이 구성이 달라 필요한 장보기가 다르다는
것은 이미 앞서 설명한 바 있다. 여기서 살펴보고 싶은 것은 지역에서
복지 케어 협동의 조직화가 시작되었다는 동시대성이다. '1980년대 전
반에는 활동하는 선구적인 조직이 손꼽을 정도였던 주민 참가형 복지
서비스가 10년 후인 1990년대 전반에는 전국 방방곡곡에 조직되었고,
도시 지역을 중심으로 거의 모든 광역 자치 단체로 확대되었다'.[11] 주민
참가형 재가 복지 서비스 단체에는 '주민 호조형'과 '사회 복지 협의회
운영형'에 더해 '협동조합형'도 포함된다. 2장에서 다룬 JA아즈미의 요
쓰바회 서로 돕기 제도가 시작된 것이 1990년이며, 농협 헬퍼 양성 강
좌가 시작된 것이 1991년이다. 또, 시마네현의 구 이시미초에서 농협
헬퍼 양성 연수 수료자가 '이키이키이와미'[12]를 조직한 것이 1992년이
다.[13] 1989년부터 지역의 고령화가 한층 심해지고, 와상 어르신이 늘어
났다는 것도 배경이라 할 수 있다. 1994년에는 일본의 고령화율이 14%

11   森川美絵, 앞의 책, 109p.
12   시마네현 이와미라는 농촌 마을에서 시작된 새로운 협동조합 활동을 말한다.(옮긴이)
13   田中秀樹, 〈地域づくりの新展開と協同組合運動〉, 《地域づくりと協同組合運動》, 大月
     書店, 2008.

가 되어, 고령화 사회에서 고령 사회로 돌입한다. 새로운 시대에 맞춰 새로운 협동과 협동조합이 생겨났다고 볼 수 있다.

마지막으로 복지클럽생협의 조직 특성을 살펴보도록 하자.

먼저, 복지클럽생협의 사업은 W.Co가 담당하는데, W.Co는 복지클럽생협으로부터 조직적으로 독립되어 있다. W.Co는 각기 독립해 사업을 운영하며 복지클럽생협과는 업무 위탁 관계로, 사업 수입에서 복지클럽생협에 '본부 운영비'를 낸다. 장기 요양 보험 제도 사업은 법인격을 가진 복지클럽생협만 수탁할 수 있어서 형식적으로 보면 W.Co가 하나의 사업소이지만, 실제로는 업무 위탁 관계인 것이다. W.Co 구성원에게 지급하는 분배금(일반적으로 급여, 임금에 해당하는데, 고용 노동은 아니기에 분배금이라 표현한다)도 W.Co가 각자 알아서 정하는 W.Co의 독자 영역이다. 즉 복지클럽생협의 실제 모습은 많은 복지 사업을 수행하는 W.Co의 집합체라는 뜻이다. 복지클럽생협 본부의 역할은 배송을 제외한(일부 생협 본부가 담당하는 곳도 있다) 공동 구입 사업 시스템과 가정 공급을 포함한 복지 사업 전반의 결재 시스템 운용 및 설립을 포함한 W.Co 지원이다. 즉 복지클럽생협 본부는 사업 기능 연합으로 W.Co의 사업 연합체인 동시에 W.Co 지원 조직으로서 W.Co의 중앙회이다.

두 번째로 복지클럽생협 조합원은 사업 이용 조합원과 사업을 담당하는 W.Co 조합원이라는 이중 구조로 되어 있다. 이 구조는 이용 회원과 협력 회원으로 나누는 농협의 서로 돕기 조직과 매우 비슷하다(2장 참조). 커뮤니티 워크로서 '조합원끼리 순환적으로 이용한다'라는 생각도 같고, 요금도 커뮤니티 가격이라 해서 순환적으로 사용한다는 점을 반영하여 설정하고 있다. 다른 점은 복지클럽생협의 경우 조합원이라는 점에서는 이용 조합원이나 W.Co 조합원이나 모두 같으며 구별하지 않는다는 점이다. 또한, W.Co를 '생협 활동에 대한 참여 방식'으로 규정하고 있다. 즉 W.Co는 복지클럽생협의 조합원 활동 조직이기도 하다.

세 번째로 복지클럽생협에서 보면 이용 조합원과 W.Co의 관계가 사업의 핵심이지만, 그것을 지원하는 복지클럽생협 본부가 있어 결과적으로 복지클럽생협의 조직 구조는 이용 조합원, W.Co, 생협 본부로 이루어진 3층 구조이며 그 중심이 W.Co이다. 농협과 생협의 고령자 복지 사업과 비교하면, 지원을 필요로 하는 이용 조합원 주체와 이 요구에 대응하기 위해 케어 워크를 협동적으로 조직화하는 일을 W.Co라는 사업체가 모여서 하고 있고, 그 지원을 전문 생협이 맡는다는 명확한 지원 관계가 특징이다. W.Co에는 세와야키와 가사 지원이라는 두 개의 기초적인 W.Co가 있고 거기서 다양한 W.Co가 만들어져간다는 W.Co만의 전개 논리가 있다.

네 번째로 커뮤니티 워크라는 단어에서 알 수 있듯이 행정구 단위에서 분권적으로 운영한다. 세와야키와 가사 지원W.Co라는 두 개의 W.Co가 만들어진 행정구는 자치 분권의 조직 단위로 행정구 '연락 회의'를 설치해 활동 방침을 정하고 운영한다. 조합원 수가 1,000명을 넘어서면 지역 협의회가 되는데, 지역 협의회는 지역 총회를 개최하며 복지클럽생협의 분권화된 조직이 된다.

위와 같이 복지클럽생협은 새로운 시대의 '작은 협동'으로, W.Co를 사업의 중심에 두는 복지전문생협이다. 지역 주민이 주체가 된 서로 돕기 활동과 장기 요양 보험 제도와의 관련 구조라는 측면에서도 요양 보호 대상자들이 생활 속에서 겪는 어려움에 함께하는 케어 워크를 협동적으로 사회화한 형태로 W.Co를 규정하고 있다. 또한, 의료와의 협력도 모색하기 시작해, 아래로부터 이루어지는 지역 포괄 케어 네트워크화의 도시형 모델이라 할 수 있다. 복지클럽이 있는 마을에서는 그 지역에 사는 조합원에게 필요한 서비스를 만들고 작은 협동조합인 W.Co가 서비스를 담당하며, 그런 활동 속에서 지역 만들기가 이루어진다.

제5장

농협에서 '작은 협동'의 발전과 농협의 전망

고바야시 겐

1 _ 들어가며

협동조합의 역사적 원류를 거슬러 올라가보자. 혼자만의 힘으로 해결
하기 어려운 문제와 맞닥뜨린 사람들이 모여 이를 위한 운동을 시작한
다. 그 운동이 점차 사업으로 발전하면서 전문 노동이 생겨나고, 이런
과정을 통해 협동조합이 만들어 진다. 그 후 규모의 경제 논리에 근거해
사업 규모가 확대되고 사업 연합이 만들어지며 오늘날의 계통 조직 형
태가 나타난다.

  일본의 종합 농협(이하, 특별히 단서를 달지 않는 한 농협)의 원류는 문
제를 공유한 사람들의 협동 운동인 산업조합에서 찾을 수 있다. 산업조
합은 종합 사업을 한다는 특징을 가지고 있었는데 이것은 오늘날의 농
협의 특징으로 이어졌다.

  이시다 마사아키(石田正昭) 씨는 제2차 세계 대전 이후의 일본형 종
합 농협을 세 가지 협동조합(종합 사업을 펼친 산업조합, 농사 및 농정 활동을

담당한 농회(農会), 그리고 판매 협동을 담당한 빙엄판매협동조합[1])의 교배라고 보았다.[2]

즉, 오늘날 농협의 특징 중 하나가 바로 이 종합성이고, 그로 인해 농협 내부에서는 조합원의 다양한 과제를 해결하기 위한 조합원 조직이 지속적으로 만들어졌다. 이에 각 과제를 해결하기 위한 조합원 조직에서는 필연적으로 '작은 협동'이 나타날 수밖에 없었다. 종합 농협이었기 때문에 농협 내부에서 다양한 작은 협동을 키울 수 있는 환경이 조성되었다고 할 수 있다.

한편, 조합원 조직 중에는 오늘날의 농협을 둘러싼 환경에 적응하고 있다고 보기 어려운 조직도 있다. 그중 하나가 제2차 세계 대전 전의 농가 소조합, 농사 실행 조합을 기원으로 하는 실행 조합, 생산 조합 등으로 불리는 집락 조직이다. 물론 집락 조합의 기능이나 역할은 지역마다 차이가 큰데, 대부분의 농협에서는 대의원, 임원을 선출하는 기초 단위, 즉 협동조합의 기초 조직으로 보는 경우가 많다. 문제는 조합원이 점점 다양해지는 가운데 집락 조합을 여전히 협동조합의 기초 조직으로 볼 수 있느냐 하는 점과 이에 대한 논의가 별로 이루어지지 않고 있다는 점이다.

이번 장에서는 농협의 조합원 조직에 초점을 맞추어 현 단계의 특

1   1922년 켄터키주에서 제정된 빙엄판매협동조합법에 근거한 판매 협동조합을 말한다. 빙엄판매협동조합법에 의하면, 조합을 통해 농산물의 합리적이고 정상적인 판매를 진흥, 조성, 촉진하고, 투기와 낭비를 배제하여, 가능한 직접적인 방법으로 생산자와 소비자간의 농산물이 배분될 수 있도록 한다. 더불어 농산물 판매를 안정시키는 것을 목적으로 한다.(옮긴이).

2   石田正昭, 〈JAの運営と組合員組織〉, 石田, 小林 편, 《JAの運営と組合員組織》, 全国共同出版, 2015, 189p.

징과 문제점을 분명히 하고자 한다.[3] 특히 농협의 다양한 조합원 조직 중에서도 거버넌스 기능을 담당하는 기초 조직과 판매 협동의 내실을 가진 생산 위원회에 주목해서 農協과 농협 내부에서 이루어지는 '작은 협동'의 관련 구조를 밝혀보기로 하겠다.

2절에서는 농협의 조합원 조직을 대략적으로 살피며, 조직적 성격을 검증하고, 3절에서는 농협의 기초 조직이라 할 수 있는 집락 조직과 새로운 기초 조직으로 나타난 지점 단위 조직화 활동의 의의를 살펴본다. 4절에서는 판매 협동의 실태를 가진 생산 위원회와 새로운 판매 협동이라 할 수 있는 농산물 직매장에 주목해 조합원 조직의 재편 단계를 검토하기로 한다.

2 _ 농협의 조합원 조직

농협의 다양한 조합원 조직

농협의 조합원 조직을 협동조합 거버넌스의 관점에서 파악한 연구로는 마스다 요시아키(增田佳昭) 씨가 정리한 것이 있는데, 이 글에서는 농협의 조합원 조직에 초점을 맞추어 기능 면에서 유형화해[4] 보았다. 표1은 이시다 마사아키 씨가 농협의 조합원 조직을 정리한 것이다. 이 표를 보

---

3   오늘날의 농협 조합원 조직을 총망라해서 다룬 저서로는 이시다(石田), 고바야시(小林)가 쓴 앞의 책이 있다. 이번 장은 이 책의 성과에 근거한 부분이 많은데, 특히 각 조합원 조직의 실태와 관련해서는 이 책을 참조하기 바란다.

4   增田佳昭, 〈JAガバナンスの構造と課題〉, 《JAは誰のものか》, 增田佳昭 편저, 家の光協会, 2013, 2~8p.

표1 농협의 조합원 조직

성격	명칭
기초 조직(집락 조직)	농가 조합, 생산 조합, 실행 조합, 지부 등
속성별 조직	청년부, 여성부 등
기능적 조직	생산 위원회, 서로 돕기 조직 등
이용자 조직	연금 우회나 공제 우회 등

* 이시다 마사아키 〈JA의 운영과 조합원 조직〉, 이시다, 고바야시 편저, 《JA의 운영과 조합원 조직》, 전국공동출판, 192p, 표1을 가공.

면 조합원 조직은 기초 조직, 속성별 조직, 기능적 조직, 이용자 조직으로 크게 나누고 있으며, 수가 상당히 많다는 걸 알 수 있다.

① 거버넌스 기능을 담당하는 조합원 조직

농협의 거버넌스 측면에서 보면 의사 결정 기관인 총회나 대의원 총회도 하나의 조합원 조직이며, 최근 전국에서 늘고 있는 지점 운영 위원회나 지점 교류 위원회 같은 지점 단위의 운영 참가 조직도 역시 조합원 조직이다. 농협의 운영을 담당하는 이사나 임원 선출 기반이 되는 집락 조직도 역시 거버넌스 기능을 담당하는 조합원 조직이며, 기초적인 단위로서 농협의 기초 조직이다. 그 밖에 이사, 임원직의 할당으로 여성 할당과 청년 할당, 담당 조직 할당을 두고 있는 농협도 많아 그런 의미에서는 선출 모체인 여성부(여성회)나 청장년부, 생산 위원회도 거버넌스 기능을 담당하는 조합원 조직이며, 농협 운영상의 기초 조직으로 볼 수 있다.

② '작은 협동'을 키우는 속성별 조직

한편, 문제에 대응하는 '작은 협동'이라는 측면에서 조합원 조직을 보면, 여성부나 청년부는 속성에 따라 각각의 과제를 해결하기 위해 조직되었다. 특히 여성부나 청년부는 각 시대의 공통된 과제를 해결하기 위해 서로 돕기 조직이나 가공 그룹, 청년 농업인 네트워크 조직 등 '작은 협동'(이시다 씨의 정리에 따르면 '기능적 조직'의 범주에 들어간다)을 내부에서 키워왔다. 또한, 연령대별 여성 조직으로 젊은 세대가 중심이 된 프레시 미즈[5]나 고령 세대들이 만든 광년부(光年部)도 있다.

단, 여성부나 청년부의 탄생에는 호주만 정조합원으로 인정하는 세대주 중심 문화 속에서 부인이나 어머니, 자식과 같은 정조합원의 가족을 농협으로 끌어들이기 위해 만들었다는 역사적인 경위가 있다. 여성부는 특히 제2차 세계 대전 후에 지역의 부인회와 함께 조직화하기 시작한 역사도 있고, 그 후 개량 보급 사업 속에서 생활 개선 그룹 등 농협의 외부 조직과 일체화되거나 외부 조직을 기초로 조직화하였다는 특징도 있다. 이런 이유로 여성부나 청년부는 속성별 조직으로서의 성격과 동시에 기능적 조직으로써 '작은 협동'을 키우는 기능을 내부에 함께 가지고 있다고 할 수 있다.[6]

③ '작은 협동'의 특성을 가진 기능적 조직

'작은 협동'의 특징을 분명하게 가지고 있는 조합원 조직은 '기능적 조직'에 속하는 조직이다. 예를 들어 생산 위원회는 농가 조합원의 판매 협동 조직이며, 서로 돕기 조직은 복지와 관련된 조합원의 과제를 해결

---

5   지역의 젊은 여성이 모여 좋아하는 주제를 정해 자기들끼리 활동을 펼쳐가던 조직을 말한다.(옮긴이)

6   농협 여성부와 농협 청년부의 역사적인 경과나 현재의 전개와 과제에 대해서는 다음 자료를 참조하기 바란다. 小松泰信, 〈進化する青年組織がJA運営を変える〉, 石田, 小林 편저인 앞의 책, 67~79p. 根岸久子, 〈今こそ出番, JA女性組織〉, 石田, 小林 편저인 앞의 책, 81~94p.

하고자 조합원 스스로가 모여 문제를 해결하려는 조직이다.

이렇게 과제에 따라 조직된 기능적 조직의 특징으로 시대가 흐르며 변하는 과제에 맞춰 조직화하였다는 점에 주목하고자 한다. 자세한 내용은 뒤에서 다루겠지만, 오늘날의 농협 생산 위원회의 원류 중 하나는 쌀보리 농협에서 다품목 작목형 산지 형성을 목표로 시작된 조직화이다. 협동의 방식은 판매 협동이라 할 수 있지만, 주목적은 농가의 생산력 향상이며 이를 위한 산지 형성이었다.

서로 돕기 조직은 고령화 사회에 나타난 복지 협동의 한 형태이며 주역이 된 것은 농가의 여성들이다. 농가의 여성 조합원 조직은 여성부로 포괄되는데, 시대별 농촌 여성의 과제에 맞춰 기능별 조직을 조직화해왔다.[7] 그 출발점 중 하나가 1970년에 나온 '생활 기본 구상'으로, 생활반 조직화와 생활 구매 활성화가 나타났다. 1980년대에는 생활 개선 그룹과 중복되는 부분도 있지만, 지역 자원을 활용한 지역 상품 개발, 1990년대에는 노령자 복지를 중심으로 한 서로 돕기 조직, 2000년대 이후에는 이미 농협에서 오랜 역사를 가진 육아 지원 등도 주목을 받았다. 또한 1970년대에 시작된 농촌 여성을 중심으로 한 농산물 자급 운동은 앞에서 말한 지역 상품 개발과 산지 직거래 운동으로 연결되어 훗날 지역 생산 지역 소비 운동과 오늘날의 농산물 직매장으로 이어졌다.[8] 즉 농협의 조합원 조직으로서 기능적 조직은 시대별로 조합원의 과제에 맞춰 조직화한 '작은 협동'의 특징을 보여주고 있으며, 여기서 시작해 오늘날의 농협 사업으로 이어졌음을 알 수 있다.

---

7   생활 지도 영역에서 여성을 중심으로 한 기능 조직화가 역사적으로 전개되는 과정에 대해서는 기타하라 가쓰노리(北原克宣) 씨가 잘 정리해 두었다. 北原克宣, 〈農協生活活動における生活指導事業の機能と役割〉,《北海道大学農経論叢》51, 1995, 117~127p.

④ 사업 이용자의 조직화

이시다 씨는 연금 우회(年金友会)나 공제 우회 등 사업 이용을 전제로
한 조합원 조직을 이용자 조직으로 정리하고 있다. 이용자 조직은 앞
서 다루어온 기초 조직, 속성별 조직, 목적별 조직과는 성격이 아주 다
르다. 이시다 씨는 이용자 조직이 농협의 거버넌스 기능을 갖췄다고
보지 않고, 결집한 조합원이 직접 과제를 해결하기 위해 협동하지도
않는다는 견해를 갖고 있다. 솔직히 말하면 이용자의 조직화는 곧 이
용자 확보 수단으로, 협동조합만이 아니라 상업계 자본에서도 사용하
는 방식이다. A코프[9]나 농산물 직매장, SS 등의 포인트 회원도 이용자
조직에 포함할 수 있다. 말하자면 조합원 고객화의 한 형태이다. 단, 연
금 우회나 공제 우회 활동에서도, 스포츠 대회나 여행만이 아니라 먹
거리나 농업, 협동조합 관련 학습 활동이나 목적별 소그룹 조직, 지점
운영 위원회 참가를 통해 농협 운영에 관여하는 사례도 나오고 있다.
단순히 이용자 포섭 조직에 그칠 것인지는 앞으로의 활동 내용에 따라
판단해야겠지만, 적어도 다음 사업이나 활동, 운영에 참여하게 하는
통로 역할로서의 모색은 이루어지고 있다고 볼 수 있다.

　　연금 우회나 공제 우회, 포인트 회원 이외에 사업별 이용자 간담회

8　　생활 활동 영역에서 특히 여성 조직 속에서 다양한 '작은 협동'이 성장해온 경과는 기시모
토 히사코(根岸久子) 씨가 정통하다. 根岸久子, 〈農協の女性組織活性化の課題〉, 《農林金
融》, 株式会社農林中金総合研究所, 1999. 6, 32~38p. 이 자료를 보면, 1997년 시점에서
여성부 내부에 생산 활동 그룹, 가공 그룹, 아침 시장 그룹 등 '작은 협동'을 모색하는 후쿠
오카현 농협 계통의 구상이 보인다. 그 밖에, '장례 사업 또한 증가하는 장례 비용으로 고
통받는 여성들이 시행착오 끝에 제단을 공동으로 이용하자고 제안한 것이 JA의 장례 사업
으로 이어졌다'라고 기술하고 있어, 시대의 과제에 대응한 작은 협동이 오늘날의 농협 사
업을 키워왔다는 점에 주목하기 바란다. 根岸久子, 앞의 책, 83p.

9　　농협이 운영하는 슈퍼마켓 체인으로, 한국의 하나로마트와 비슷한 역할을 한다.(옮긴이)

도 사업 이용자 조직화의 한 종류라 볼 수 있다. 그 예로 A코프의 사업 이용자 간담회 등이 있는데 본래는 조합원 거버넌스 시스템으로 사업 운영 위원회가 있었지만, 사업 이용자 간담회로 역할이 후퇴하고, 생활 경제 사업이 협동 회사 방식이 되면서 역할이 보이지 않게 되었다.

농협의 조합원 조직 활성화와 재편

이렇게 농협의 조합원 조직은 ①거버넌스 기능과 관련한 조합원 조직 (집락 조직, 여성부, 청년부, 생산 위원회 등), ②거버넌스와의 관련 측면에서 는 속성별 조직으로 분류되지만, 내부에 '작은 협동'을 펼치는 기능적 조직을 육성하는 인큐베이터 기능을 가진 조합원 조직(여성부, 청년부), ③조합원 과제에 맞춰 과제를 해결하기 위해 조직된 '작은 협동'으로서 의 기능적 조직(생산 위원회, 서로 돕기 조직 등), ④협동조합 조합원이라기 보다는 사업 이용자 풀이라 할 수 있는 이용자 조직의 네 가지 유형으 로 나눌 수 있다.

단, ①기초 조직과 ②속성별 조직, ③기능적 조직은 농협 거버넌스 와의 관련이라는 측면에서는 중복되는 부분이 있으며, ②속성별 조직 은 ③기능별 조직='작은 협동'을 육성하는 것처럼 각각의 조합원 조직 이 목적과 기능 면에서 서로 연관된다. 이것을 농협의 거버넌스 방식이 라는 측면에서 보면, 전자는 사업체를 거버넌스 하는 조합원 조직이고, 후자는 운동체를 거버넌스 하는 조합원 조직이라 할 수 있다. 농협의 조 합원 조직은 단순하게 유형화하기 어려우며, 그런 이유로 조합원 조직 과 관련된 논의는 항상 농협의 존재 방식을 생각할 때 중요한 부분을 차지해, 항상 활성화와 재편이 과제가 된다. 한편 ④이용자 조직은 조금 씩이기는 하지만 거버넌스나 사업과 관계를 맺기 시작하고 있고, 전망은 각 농협이 이용자 조직을 어떻게 규정하느냐에 달렸다.

주목해야 할 부분은 조합원 조직의 활성화와 재편이다. 여기서는 여성부 활성화에 초점을 맞춰 살펴보고자 한다. 사회의 변화는 농가 생활을 변화시켰고, 그때마다 농촌 여성의 과제도 달라졌다. 농촌 여성은 '작은 협동'을 조직하여 과제를 해결해왔는데, 이런 농촌 여성의 '작은 협동'이 농협의 사업으로 이어진 경우도 많다. 그런 의미에서 시대의 과제에 맞춰 '작은 협동'을 만들어온 활동 그 자체가 여성부 활성화, 재편이었다고 할 수 있다.

한편 역사적으로 볼 때, 과제를 해결하고자 '작은 협동'이 먼저 만들어지고, 여성부 조직체의 변혁이 뒤따라 일어난 것도 사실이다. 여성부가 가진 문제는 참가 조합원의 고령화와 조합원의 감소이다. 최근의 설문 조사를 토대로 여성부의 문제를 검토한 홋타 아리코(堀田亜里子) 씨는 ①여성부 회원 감소 추세는 멈출 수 있었지만, 증가로 돌아서게 하지는 못했고, ②차기 리더 부재, ③회원 자주성 저하, ④사무국 육성이라는 네 가지 보완점을 제기했다.[10] 역사적으로 '작은 협동'을 키우고 그것을 사업으로 연결해갈 정도의 주체적 역량을 가지고 있던 여성부조차 조직의 유지, 지속성이 문제가 되고 있는 것이다. 알기 쉽게 말하면, 조직 자체의 고령화와 젊은 세대 조합원 가입 감소, 이와 더불어 차세대로 기대되던 프레쉬미즈 조직도 고령화되고 있는 것이 문제이다.

이런 가운데 문제를 해결하는 실마리 역시 지역의 현장에 있으며,

10　堀田亜里子, 〈JA全国女性協《JA女性組織意向調査》結果概要〉, 《JC総研レポート》春 第7号, 一般社団法人 JC総研, 2016, 2~11p.

몇몇 농협에서 조합원 조직의 활성화와 재편 움직임이 나타나고 있다. 앞서 말한 여성부의 경우 지역별로 정비되었던 지연(地緣) 조직에서 단일 목적을 갖고 활동하는 목적별 조직과 지역별로 나눠 다양한 목적으로 활동하는 다목적형 조직이라는 두 가지 구조로 변화하려는 움직임이 주목받고 있다.[11] 목적별 조직이나 다목적형 조직 모두 조합원이 자주적으로 기획하고 만든다는 특징이 있는데, 기존의 수직형 조직과는 다른 유연한 조직화라 할 수 있다.

이 사례에서 배울 점은 여성 조직을 성별에 따른 속성별 조직으로만 보지 않고, 조합원의 과제나 관심에 대응해 작은 목적 대응형 조직을 추진하는 방식, 다시 말해 여성부 내부에 '작은 협동'을 많이 만들어간다는 부분이다. 더불어 여성부는 속성별 조직인 동시에 세대별 조직으로서의 성격도 가지고 있다는 점에 주목해야 한다. 세대별 조직은 나이별로 조합원의 과제나 관심이 다르기 마련인데, 성별에 따라 속성별 조직의 형태를 띤 여성부는 구성원을 세대별로 나누는 데 어려움이 있다. 특히 속성별 조직으로서 여성부가 갖는 본질적인 문제는 세대별로 나뉜 집단이 그대로 온전하게 다음 세대로 교체되지 않는다는 것이다. 이런 본질적 문제에 대응하기 위한 여성부의 조직 재편 방향은 개별 조합원이 갖고 있는 문제나 관심에 맞춰, 작은 목적 대응형 조직화를 추진한다는 점에서 기대를 걸 만하다. 농협의 출판 문화 사업을 담당하는 이에노히카리협회가 내건 '하늘의 별만큼 많은 그룹을'이라는 운동 슬로건은 이런 재편 방향과 일맥상통한다.

---

11   小山良太,〈准組合員の動向と組合員政策〉,増田 편저, 앞의 책, 106p 외.

3 _ 농협의 기초 조직과 새로운 재편 단계
: 집락 조직과 지점 협동 활동

방치한 채 오늘에 이른 기초 조직으로서의 집락 조직

농협에서 기초 조직이라 일컬어지는 조직은 실행 조합이나 생산 조합 등으로 불리는 집락 조직이다.[12] 명칭은 다양한데, 대체로 제2차 세계 대전 전에 있었던 농가 소조합이나 농사 실행 조합이 원류이며, 지역 사회 조직으로 만들어진 조직을 농협이 활용해서 집락 조직으로 만들었다는 점이 전국 농협에서 공통으로 나타난 현상이다. 단, 농협의 내부 조직으로 만들어진 기초 조직도 적지 않은데, 감귤 산지 등 전문 농협을 원류로 하는 농협에서는 생산 위원회의 '지부'로 볼 수 있는 곳도 많다. 이때 이 지부는 역사적으로 공동 선별을 해오던 단위이며, 판매 협동을 할 때 '작은 협동'의 단위이기도 하다.

이렇게 보면 농협의 기초 조직은 두 종류로 나뉜다. 첫 번째는 외부 조직인 집락 조직에 농협의 기초 조직 기능을 부여한 조직으로, 이런 형태의 조직이 기초 조직에서는 대다수에 해당한다. 나머지 하나는 일부 산지에서 나타나는 판매 협동의 최소 단위가 내부 조직으로서 기초 조직의 기능을 가지게 된 것을 말한다.

---

[12] 이 절은 졸고 〈JAの基礎組織と課題〉, 增田 편저, 앞의 책, 125~145p를 대폭 수정한 것이다. 한편, 기초 조직과 관련된 최근의 정리로는 역사적인 경위와 재편 방향을 포함해 다음 문헌이 참고할 만하다. 斉藤由理子, 〈集落組織の変容と改革方向〉, 《農林金融》, 株式会社 農林中金総合研究所, 2005. 12, 18~34p. 최근의 사례를 상세하게 분석하고 집락 조직으로서의 기초 조직을 실증적으로 논하고 있는 것으로는 고마쓰 야스노부(小松泰信) 씨의 논문이 참고할 만하다. 小松泰信, 〈部農会と基本的意思形成機能〉, 石田, 小林 편저, 앞의 책, 19~34p.

기초 조직의 기능은 ①대의원, 임원 선출 기능 ②집락 좌담회 등 직접적인 의사 반영 및 의사 형성 기능, ③홍보지 배포 등 정보 전달 기능, ④사업 추진 기능이다. 이 중 ②집락 좌담회는 점점 개최 횟수가 줄어드는 추세로 블록별 혹은 지점별 간담회로 대체되고 있다. ③정보 전달 기능 또한 가구별로 홍보지를 배포하는 것이 일반적인 일이 되면서 점점 쓸모를 잃어가는 중이다. ④사업 추진 기능의 경우, 규슈 지방에서는 여전히 기능하고 있지만, 이 역시 감소 추세이다. 이렇게 볼 때 오늘날 기초 조직의 주요 기능과 역할은 대의원 및 임원을 선출하는 거버넌스의 기초 단위로서 발휘된다고 볼 수 있다.

여기서 특히 문제가 되는 것은 외부 조직인 집락 조직에 의존한 기초 조직이라는 점이다. 옛날 농촌은 대체로 균질하게 농가 집단으로 구성되어 있었지만, 오늘날은 생산자 비율이 감소해 오히려 생산자가 소수파가 되었다. 이렇게 주민 구성이 다양해지는 집락 조직을 기초 조직 규정하는 데는 무리가 있다는 것이 현재 농협 기초 조직 중 태반을 차지하는 집락 조직의 문제점이다. 이것은 농협의 대의원조차 선출하지 못하는, 되려는 사람이 없는 상황으로까지 내몰고 있다.

어려운 상황에 놓여 있는 집락 조직이지만, 대부분의 농협이 이 문제를 방치 중이라는 것이 현실이다. 이런 가운데 집락 조직을 농협의 기초 조직으로 규정하고 활성화하려는 농협이나 집락 영농의 조직화에 발맞춰 재편을 시도하는 농협도 있다. 그중에는 지역 주민인 준조합원도 구성원으로 보는 농협도 나오고 있다.[13] 외부 조직인 집락 조직에 농협 기초 조직으로서의 기능을 집어넣으려는 움직임이라 할 수 있는데

13   집락 조직의 재편 사례는 사이토(斉藤), 앞의 책을 참조하길 바란다.

이런 실천이 그다지 많이 이루어지지 못하고 있는 것 또한 집락 조직과 농협이 처한 현실이라 할 수 있다.

거버넌스의 기초 단위인 기초 조직의 개혁 방향

기초 조직의 기능을 농협의 대의원 및 임원 선출 기능으로서 거버넌스의 기초 단위로 규정한다면 집락 조직에 근거한 기초 조직만으로는 운영이 어렵다. 이런 탓에 대의원이나 임원 선출 단위를 지소(支所), 지점(支店)이나 블록 단위로 하는 곳도 많다. 그러나 대의원은 지소, 지점, 블록 단위에서 집락 단위로 다시 내려보내고, 임원은 임원 선출 과정에 참여할 조합원을 집락 단위에서 선출하는 식으로 여전히 집락 조직에 근거한 대의원, 임원 선출이 이루어지고 있다는 게 현실이다.

한편으로는 많은 농협에서 여성을 당연직 임원으로 두어 여성부를 하나의 선출 모체로 삼고 있다. 또한, 많지는 않지만 청년부 할당이나 차세대 중심 조직 할당을 두는 농협도 있어, 청년부나 생산 위원회도 역시 기초 조직으로서의 기능을 가지기 시작했다. 그런 의미에서 지구별 선출 비율을 낮추고 속성별 조직이나 기능별 조직, 이용자 조직의 선출 비율을 늘리는 것도 필요하다. 이것은 농협의 기초 조직에 대한 재규정이며, 농협의 거버넌스라는 관점에서 본 기초 조직의 개혁 방향이다.

집락 조직에 대해서는 농협과의 관계, 위치 등을 명확히 할 필요가 있다. 거버넌스 상에서 기초 조직의 위치를 재검토하는 데는, 기초 조직이 보다 효과적으로 역할을 수행할 수 있도록 그 기능을 강화해 정조합원 중심의 조직화를 꾀한다거나, 다양한 조합원 참가를 촉진하기 위해 반대로 기능을 약화시켜 기초 조직의 성격을 농업에 한정하지 말고 생활자 조직으로 규정하는 것도 하나의 선택이 될 수 있다. 어찌 됐든 기

초 조직으로서의 집락 조직의 위치를 명확히 하는 것과 그에 대한 지원
은 필요하다.

　그렇다면 실제로 농협에서는 어떤 움직임을 찾아볼 수 있을까. 농
협이 기초 조직으로서 기능하게끔 집락 조직에 개선 조치를 취하고 있
는 사례는 앞서 살폈듯이 일부에 그치고 있다. 대다수의 농협에서는 집
락 조직을 대의원, 임원 선출 기능만 남긴 채 방치하고 있는 것이 현실인
듯하다. 오히려 오늘날 농협이 총력을 기울이고 있는 것은 지소, 지점 단
위에서 이루어지는 조합원의 조직화다. 그 예시가 '지점 운영 위원회'나
'지점 교류 위원회'이며 협동 활동으로는 '지점 협동 활동'을 들 수 있다.

지소, 지점을 중심으로 한 지점 협동 활동

농협의 지소 및 지점의 경우, 오래전엔 메이지 시대에 합병한 마을이나
초등학교 통학 구역 단위였는데, 광역 합병이 가속화되면서 지금은 대
략 중학교 통학 구역이나 혹은 더 광역화하여 헤이세이 합병[14] 전의 기
초 자치 자체 단위로까지 확대되고 있다. 지소, 지점이 광역화되는 한편
소규모 금융 특화 매장은 감소하고 있으며, 종합 매장이 증가하고 있다.

　제26차 JA 전국 대회의 특징 중 하나가 지점을 중심으로 한 협동
활동 추진이었는데, 그 실천의 일환으로 지점 운영 위원회 설치, 지점
협동 활동 실천이 거론되었다. 지점 운영 위원회는 조합원 의사 반영의
장, 직원과의 의견 교환의 장으로 규정하는 사례가 많다. 구성원을 보면
집락 대표자, 대의원부터 생산 위원회나 여성부, 청년부 대표, 그중에는

14　1999년에서 2006년까지 기초 자치 단체가 3,232개에서 1,821개로 줄어든 대규모 합병을
　　말한다.(옮긴이)

준조합원이나 지역 주민, 행정 관계자를 포함하는 사례도 있다. 폭넓은 조합원 의사 반영의 장으로 기대를 받고 있는데, 한편에서는 지점 운영 위원회 자체가 허울로 변하는 곳도 있는 듯하다. 이 경우 지점 운영 위원회는 직원에게 '고충 민원 청취의 장'이 되거나, 참가한 조합원은 '사업 보고 방청객'이 되는 곳도 많아, 지점 운영 위원회 자체의 존재 방식에 대한 모색도 이루어지고 있다.

지점 운영 위원회의 방향을 모색하면서 만들어진 것이 '지점 교류 위원회'이다. 지점 교류 위원회는 대부분 지점에서 이루어지는 협동 활동의 실행 위원회 성격이 강해, 구체적인 활동을 운영하고 있고, 참가하는 조합원도 목적을 명확히 세우려고 한다. 여기서 기획하고 실행하는 활동이 지점 협동 활동이다. 지점 협동 활동은 규슈 지방의 도시 지역 농협에서 시작한 운동이 모델이 되고 있다. 내용을 보면 이벤트 실시, 지역 농업 진흥, 다양한 조합원 활동, 지역 사회 기여 활동 등으로 다채롭다. 전국에서 이루어지는 활동은 지점 교류 활동, 지점 축제, 지점 소식지, 모임 공간 만들기가 주요 활동이다. 여기서는 지점장이나 '교류 담당자'가 중심이 되어 다양한 지점 협동 활동을 진행하고 있음을 확인할 수 있다.[15]

좀 더 구체적으로 들어가 동일본에 있는 한 농협이 2013년에 실시한 지점 협동 활동을 살펴보면, 이벤트 개최형, 이벤트 참가형, 체험형 식생활 농업 교육, 경관 향상형의 네 가지 유형으로 나눌 수 있다.

'이벤트 개최형'은 지점 직원이 중심이 되어 기획하고, 운영한다.

---

15 지점 협동 활동의 구체적인 사례는 다음의 책을 참조하기 바란다. 松岡公明, 小林元, 西井賢悟,《支店協同活動で元気なJAづくり》, 家の光協会, 2013.

내용도 지점이 위치한 지역에 맞춘 특징이 나타나는데, 귤 산지인 지점에서는 경관을 살린 귤밭 산책 이벤트를 귤꽃 개화 시기(5월 초순)에 기획한다. 도시 지역 지점에서는 지역 주민이 참가하기 쉬운 플리 마켓 등을 개최한다. 활동에 따라서는 생산 위원회나 청년부, 여성부가 적극적으로 운영에 참여하기도 한다.

'이벤트 참가형'은 지역에서 열리는 축제나 역전 마라톤 등 다양한 행사에 지점 직원과 조합원이 참가하는 활동이다. 지역과의 교류나 지역에 적극적으로 관여하는 것이 목적이다.

'체험형 식생활 농업 교육'은 주로 어린이와 그 부모를 대상으로 한 농업 체험을 일 년 단위로 기획한다. 조합원이 관여하는 경우가 많아 조합원과 지역 주민이 농업을 통해 교류하는 기회가 된다.

'경관 향상형'은 농촌 지역에 있는 농협 지점에서 실시하는데, 도시 지역으로도 확대되고 있는 활동이다. 지점 직원과 조합원이 중심이 되어 유휴 농지를 이용해 경관 작물을 심는다. 그중에는 논 아트 등 관광 포인트가 되는 사례도 많다.

지점 협동 활동의 효과와 가능성

지점 협동 활동은 전국적으로 확대되고 있고 효과도 분명해지고 있다. 먼저 지점 협동 활동이 농협과의 관계가 약해진 조합원이나 지역 주민과의 접점이자, 연결 계기가 되고 있다. 또, 운영자로 참가한 조합원이 활동을 통해 조합원끼리 혹은 조합원과 직원의 관계성을 강화하고 있다. 생산 위원회나 여성부, 청년부가 깊이 관여한 사례에서는 조합원 활동도 활발해지는 경우가 많다. 지점 협동 활동에서 시작해 농산물 가공 등 사업화로 이어지는 사례도 있어, '작은 협동'의 내실을 보여주는 실천도 나타나는 추세다.

즉, 지점 협동 활동에 조합원이 결집해, 직원과 함께 활동을 만들어 가는 과정에서 조합원끼리, 직원과 조합원 간, 나아가 조합원과 지역 주민 사이에 새로운 관계성이 만들어지고, 그것이 농협과 농협 조합원 조직에 활기를 불어넣고 있다. 물론 직원 중심으로 진행되는 활동도 많아 조합원이 '손님'이 되는 경우도 있지만, 농협 축제나 지점 축제가 조합원이나 지역 주민에게 농협과의 접점을 만드는 통로가 되는 효과는 눈여겨보아야 할 지점이다. 문제는 이렇게 형성된 접점을 어떻게 다음으로 이어갈 것인가 하는 점이다. 여기서 조합원 조직과의 접점, 새로운 조합원 조직의 육성을 기대할 수 있다.

그러나 지점 교류 위원회나 지점 운영 위원회가 농협의 기초 조직이 되어 바로 집락 조직을 대체할 수 있느냐는 점은 의문스럽다. 지점 교류 위원회나 지점 운영 위원회는 광역 합병이 이루어진 농협에서 의사 반영의 장, 임원 선출 기반으로서 작동할 것이라 기대를 모은다. 단, 대의원 선출 기반이 되는 농협 거버넌스의 기초 조직 기능은 지소, 지점 단위에서 분류되어 집락 단위로 내려가는 경우가 일반적이다. 이렇게 되면 지점 단위 기능이 높아지는 동시에 얼굴이 보이는 범위로서 집락 단위 조직에 대한 대응이 여전히 필요하다. 즉 지금까지 방치되었던 기초 조직으로서의 집락 조직의 역할이나 대응 방침을 명확히 하는 것이 시급한 과제이다. 이런 상황에서 기대할 만한 활동은 지역 영농 비전 운동과 집락 영농이다. 농협이 지역 농업에 대해 함께 이야기하는 지역 영농 비전 운동을 실시하고, 생산 협동인 집락 영농을 조직화하여 이를 계기로 집락 조직을 보다 적극적으로 규정하고 변화시켜 나가는 것이 바람직하다.

4 _ 생산 위원회 재편 방향과 농산물 직매장

생산 위원회의 원류와 재편

판매 협동이라 할 수 있는 생산 위원회는 크게 두 개의 원류가 있다.[16]
하나는 합병으로 내부화된 전문 농협이나 그 하부 조직을 원류로 하는
생산 위원회이다. 전통적인 원예 산지나 감귤 산지의 농협 생산 위원회
는 대부분 전문 농협을 원류로 하고 있는데, 특징을 보면 직접 시설을
만들어 운영한다는 자주성과 판매 협동으로의 결집력이다. 이렇게 전
문 농협을 원류로 하는 생산 위원회는 농협의 사업 운영뿐만 아니라 농
협 운영 자체에도 강한 영향력을 미치는 사례가 많다. 또 하나의 원류는
제2차 세계 대전 이후 쌀보리 중심 농협이었던 곳이 쌀보리 이외의 작
목 산지를 형성하기 위해 조직화한 생산 위원회이다. 농협 계통에서는
1967년의 '농업 기본 구상' 이후 영농 집단 구상 속에서 작목별 생산 위
원회의 조직화가 이루어졌다.

생산 위원회는 판매 협동으로서의 조합원 결집이자 조직화였는데,
특히 농협 계통에서 이루어진 후자의 조직화는 목적이 산지 형성에 있
었다. 그러나 산지 형성은 사회 변화에 맞춰 항상 변화할 준비를 하고
있어야 한다. 이는 농산물 유통의 국제화나 유통 기술 발전, 유통 구조
변화 등 외부 요인에 따른 생산 위원회의 재편을 말한다. 동시에 농협

---

16   생산 위원회의 역사적 경과와 산지 형성과 관련한 기능에 대해서는 이타바시(板橋) 씨의
     정리가 도움이 된다. 板橋衛, 〈農協の営農指導·販売事業の展開と生産部会〉, 石田, 小林
     편저, 앞의 책, 35~52p. 이타바시 씨가 생산 위원회를 이해할 때 가장 중요하게 생각하는
     점은 '생산 위원회는 (중략) 농협의 산지 형성을 목적으로 한 조직으로, 동태적인 파악이
     필요하다' '농협이 지역농업에서 수행해야 할 역할의 구체화이며, 협동조합으로서의 사명,
     이념의 구체화로 생산 위원회를 규정할 수 있다'라고 말한 부분이다.

표2 농협의 생산 위원회와 1개 농협당 조직 수 변화

연도	경종			채소			과수		
	해당 농협 수	조직 수	1개 농협당 조직 수	해당 농협 수	조직 수	1개 농협당 조직 수	해당 농협 수	조직 수	1개 농협당 조직 수
1998	1,038	4,736	4.6	1,500	8,732	5.8	996	3,529	3.5
2000	875	4,545	5.2	1,186	8,116	6.8	796	3,348	4.2
2005	621	3,793	6.1	788	7,191	9.1	572	2,781	4.9
2010	516	3,868	7.5	655	6,829	10.4	489	2,549	5.2
2014	499	3,418	6.8	628	6,748	10.7	461	2,497	5.4

*종합 농협 통계표 데이터를 참조로 작성

내부적으로는 농업 노동력의 노령화와 약체화 그리고 농협의 광역 합병이 원인이 되어 생산 위원회의 변화와 재편이 필요시되었다.

구체적으로는 생산지끼리의 경쟁 속에서 품목 전환 사이클이 빨라졌으며, 소매 업계 재편과 가공 업무용 수요 확대로 생산지에 요구하는 로트나 품질이 확대되고 고도화되었다. 그 결과 생산지는 변화가 필요하게 되었고, 이에 대응하기 위해 생산 위원회 재편이 추진되었다. 동시에 농업 노동력의 고령화로 규모를 유지하기 어려워진 산지에서는 생산 위원회의 합병과 재편을 요구하였고, 농협의 광역 합병 속에서 생산 위원회 간 합병이라는 조직적인 문제도 있었다. 결과적으로 종합 농협 통계표에 따르면 1989년을 정점으로 채소, 과수 생산 위원회는 감소로 돌아섰다.

표2는 경종, 채소, 과수 생산위원회 수와 단위 농협당 평균 생산 위원회 수의 최근 변화를 나타낸 것이다. 이것을 보면 경종, 채소, 과수 모두 생산 위원회가 감소하고 있음을 알 수 있다. 한편, 단위 농협당 생산 위원회 수는 경종이 4.6에서 6.8로, 채소가 5.8에서 10.7로, 과수가 3.5

에서 5.4로 증가했다. 광역 합병으로 관내가 넓어져 작목 수가 증가한
점, 차별화 상품에 대응한 새로운 조직화가 이루어진 점 등이 영향을 미
쳤다고 할 수 있다. 단, 전체 수치는 많이 감소했다는 점에서 그동안의
생산 위원회 재편은 광역 합병에 따라 생산 위원회의 재편 및 통합도
함께 이루어졌다고 볼 수 있다.[17]

생산 위원회 재편 방향

이렇게 생산 위원회는 외부 요인으로는 사회의 변화, 내부 요인으로는
농협의 변화에 맞춰 활성화와 재편을 계속해왔다. 단, 최근의 JA 전국
대회 논의를 보면 생산 위원회 활성화나 재편 논의는 후퇴하고 개별 사
업 대응으로 '찾아가는(出向く)'[18] 사업 방식에 대한 논의가 활발해지고
있다.[19] 그 연장선상에 '차세대 중심 조직' 논의가 있는데 산지 형성이
라는 관점이나 협동조합 사업이라는 측면에서는 조합원 조직화로서의
생산 위원회 논의는 꼭 필요하다. 전국 단위에서 추진하는 사업 방식은
개별 사업 대응이 전면에 나와 있지만, 단위 농협 층위에서는 오히려 생
산 위원회 활성화나 재편에 주력하는 사례가 많은 것도 사실이다.

단위 농협 차원의 생산 위원회 활성화와 재편 방향에 대해서는 오
다카 메구미(尾高惠美) 씨와 이시이 겐고(石井賢惡) 씨의 논문을 참고했

---

17   생산 위원회 재편에 대한 분석은 이타바시 씨가 정통하다. 이타바시 씨의 앞의 책,
     40~42p.
18   지역 농업을 짊어지고 나갈 지역 농업의 담당 주체를 방문하여 의견과 요구를 듣고 JA 그
     룹 사업에 반영시켜 지역 농업의 발전을 지원하는 활동을 뜻한다.(옮긴이)
19   영농 경제 사업과 관련하여 농협 계통의 개별 사업 대응과 집단적 대응의 역사적 변화를
     정리한 것으로 이시이 겐고(西井賢悟) 씨의 연구가 도움이 된다. 西井賢悟, 〈農業構造の
     変化とJAの事業・組織〉, 増田 편저, 앞의 책, 78~95p 외.

다. 오다카 씨에 따르면 ①도시 근교 농협에서 판매 채널별로 생산 위원회가 설립되고 있는 점, ②특정한 생산 기술을 가진 생산 위원회가 설립되고 있는 점, ③대규모 산지의 농협에서는 판매 채널별로 세분화하기보다 생산 위원회의 통합이 일어나고 있는 점을 분명히 하고 있다.[20] 생산 위원회가 판매 채널별로 대응하는 경우에는 생산 위원회 내부에서 판매 채널별로 세분화해, 복수 공동 회계를 도입하는 사례가 이시이 씨 논문에 자세하게 소개되어 있다.[21] 조금 아전인수 격으로 해석해보면 생산 위원회의 목적별, 기능별 재편이나 세분화는 생산 위원회 속에서 '작은 협동'을 키우는 실천으로도 이해할 수 있을 것이다.

제27차 JA 전국 대회에서는 생산 위원회 재편 방향의 하나로, 판매 채널별 생산 위원회 세분화와 복수 공동 회계 도입, 그에 따른 계약 거래 강화 등 실수요자의 요구에 맞춘 판매 전략 구축이 논의되었다. 이것은 농협 계통의 생산 위원회 재편 방향인데 현시점에서는 생산 위원회 재편에 관한 관심이 높지 않다. 왜냐하면 농협 개혁 논의 속에서 생산자 소득 증대와 관련해서는 수매를 통한 판매 확대와 수출 확대, 생산비 절감이 논점이며, 협동의 내실을 가장 구체화하는 생산 위원회라는 논점은 후 순위로 밀려 있기 때문이다. 게다가 2016년 말 기준 생산 위원회 재편보다 먼저 거론되는 것이 독점 금지법과 관련하여 생산 위원회 법령 준수 즉, 컴플라이언스에 관한 것이다. 아무래도 생산 위원회 재편 논의는 단위 농협의 현장에서 먼저 이루어지고, 전국 단위에서는 뒤로

---

20 尾高恵美, 〈農協生産部会に関する環境変化と再編方向〉, 《農林金融》, 株式会社農林中金総合研究所, 2008. 5, 30~42p.

21 西井賢悟, 〈生産部会を基軸とする系統結集力の再構築〉, 石田, 小林 편저, 앞의 책, 53~66p 참조.

밀리는 듯하다.

농산물 직매장 동향

농산물 직매장의 동향에 대해서도 다뤄보고자 한다. 농산물 직매장의
원류 중 하나는 여성부의 '농산물 자급 운동'이다. 산지 직거래 운동과
상품 개발, 경트럭을 이용한 아침 시장을 거쳐 1990년대 이후 상설형
농산물 직매장이 시작되었다. 상설형 농산물 직매장 초기에는 출하자
가 직접 운영하는 형태가 많았다. 말하자면 협동 노동을 내포한 판매 협
동의 모습을 가지고 있었으며, 이것을 '작은 협동'의 한 형태로 적극적
으로 규정할 수 있다. 단, 산직 운동부터 농산물 직매장까지 일련의 농
산물 유통 형태에 대해 농협 계통의 생산 위원회가 잘 이해하고 있었다
고 말하기는 어렵다. 그렇기에 '1국 2제도(공동 판매 사업과 산직 제휴 사업
이 농협 사업으로 공존하는 체제)'[22] 같은 말도 생겨난 것이고, 특히 전국 연
합회 단위의 사업 연합회에 이해를 구했는지 의심스럽다.

그러나 최근 농산물 직매장은 전국으로 확대되고 있으며, 단위 농
협의 새로운 사업 형태로 많은 기대를 받고 있다. 2014년의 종합 농협
통계표에 따르면 농협 계통 농산물 직매장이 전국에 1,500개 있으며,
2015년에 전국농업협동조합중앙회가 낸 보도 자료[23]에서는 998개 매
장을 표본 조사한 결과, 총 판매액이 2,129억 엔, 판매장 한 곳 당 평균
판매액은 2억 2,100만 엔으로 증가하고 있다고 말했다. 매장 면적도 대

22   今野聰, 《これからの農協産直―その「一国二制度」的展開》, 野見山敏雄 편저, 家の光協
      会, 2000.
23   全国農業協同組合中央会, 〈平成7年度JAファーマーズ・マーケット実態調査〉, 2015.
      12. 발표

규모화되어, 2010년 조사에서는 300㎡를 넘는 매장이 19.2%였는데, 2015년 조사에서는 30.2%로 나타났다.

　농산물 직매장은 '작은 협동'으로 조합원의 협동 노동에서 출발했지만, 현재는 농협의 사업이 되었다. 실제로 농업 계통 생산 위원회가 자기 개혁을 하는 과정에서 농산물 직매장의 매출 증가는 농업 관계자의 소득 증가로도 이어질 것이라 기대를 모은다. 한편으로 사업화가 진행되면서 조합원, 출하자의 관계에도 변화가 나타나기 시작했다. 출하자 협동 노동 단계에서는 출하자 조직이 농산물 직매장을 운영하는 경우가 많았는데, 농협의 사업이 되면서 전문 노동자 즉, 농협 직원이 운영하게 되었고, 운영 방식 또한 고도로 시스템화가 이루어지고 있다. 운영의 고도화라는 측면에서는 오퍼레이션화, 그에 따른 시스템화가 나타났고, 동시에 소량 다품목형 산지 형성도 농협의 영농 지도 아래에서 이루어지고 있다. 농산물 직매장용 소량 다품목형 산지 형성은 특히 도시 근교 지역 농협의 판매 채널별 생산 위원회 설립과 상관관계가 있다는 점을 분명히 한 것이 앞에서 말한 오다카 씨의 연구 성과이기도 하다.

　그러나 농산물 직매장 운영이 고도로 시스템화되면서, 출하자와 직매장이 오직 출하뿐인 관계에 그치는 직매장도 늘고 있다. 출하자 역시 여러 개의 농산물 직매장에 출하하는 경우가 늘고 있어 농산물 직매장 운영에 관여하는 데 한계가 있는 것도 현실이다. 이에 농산물 직매장을 직접적으로 운영하고 경영하는 조직이었던 출하자 협의회가 농협 사업인 농산물 직매장을 거버넌스 하는 조직으로 변화한 사례도 많다. '작은 협동'에서 사업화한 농산물 직매장임에도 사업화하는 과정에서 조합원의 관여가 줄고 있는 것이다.

　단, 출하자가 고령화하면서 출하자들로 이루어진 집하 및 출하 조

직, 기술과 정보를 공유하는 출하자 간 학습 모임이나 생산자 조직, 출
하자에 의한 홍보 활동이나, 교류 활동을 목적으로 하는 조직도 생겨나
는 중이다. 농산물 직매장을 중심으로 새로운 '작은 협동'의 싹이 생겨
나고 있다는 점에 주목하길 바란다.

농산물 직매장을 조합원 조직과의 관련이라는 측면에서 볼 때, 조
합원들 사이의 관계를 강화한다는 점에 기대가 모이고 있다. 농산물 직
매장에서 하는 요리 교실이나 농업 체험 같은 이벤트나 활동을 통해 조
합원의 참가 기회를 늘려, 보다 다양한 활동에 참여할 수 있게끔 하거나
사업으로 이어가려는 시도가 늘고 있다. 이런 이벤트나 활동을 여성부
나 청년부, 생산 위원회가 주최하는 움직임이나 앞에서 말한 지점 협동
활동의 목적으로 개최하는 움직임도 나타난다. 조합원 조직이라는 측
면에서 보면 농산물 직매장은 판매 협동으로서의 '작은 협동'에서 조합
원 조직 기반을 강화하고, 조합원 조직 활성화의 거점으로 그 역할이 다
양해지는 중이다.

5_마무리

이번 장에서는 농협과 농협 내부의 '작은 협동'의 관련 구조를 분명히
하기 위해 조합원 조직에 초점을 맞췄다. 그러나 농협의 조합원 조직은
종합 농협이라 부르는 만큼 조직의 숫자가 너무 많아, 조합원 조직 하
나하나에 초점을 맞춰 사례에 근거해 깊이 파고 들어가야 할 연구 대상
이다. 그런 의미에서 이번 장은 나열식으로 될 수밖에 없어 본래 목적
을 달성했다고 말하기 어렵다. 물론 농협의 조합원 조직을 총망라하는

연구는 앞으로도 해나갈 필요가 있으며 이론적인 체계화도 필요하다. 이 장 자체는 말하자면 선행 연구를 중심으로 고이즈미 구조 개혁 시대의 농협 개혁과 아베 정권하에서의 농업 개혁 사이의 연구 성과를 살펴본 것이기도 한데, 협동조합으로서 농협의 청사진을 그리는 데에는 협동의 내실을 가진 조합원 조직에 그 싹이 숨어 있다고 보았기 때문이다. 그런 의미에서 농협의 조합원 조직 연구에 매진해야 할 필요성을 찾아내는 것이 이번 장의 커다란 과제이다.

그러나 지금까지 살펴보았듯이 적어도 농협의 조합원 조직은 시대에 따라 변화하는 조합원 과제에 맞춰 내부 과제를 해결하는 장으로 '작은 협동'을 키워왔으며, 그것이 사업화로 이어진 사례도 많다. 이런 점을 보아도 협동조합 내부에서 '작은 협동'을 키워간다는 생각은 올바른 방향이라 할 수 있다. 동시에 조합원 협동의 내실로 '작은 협동'이 의미 있는 이유는 오늘날 농협 계통의 전국 연합회가 중심이 되어 추진하는 CS 활동과는 본질적으로 다르기 때문이다. CS 활동은 직원의 매니지먼트 향상의 한 수단인데 반해, 조합원 조직을 통해 '작은 협동'을 키우는 것은 농협의 거버넌스와도 관계가 되는 협동조합 운동 그 자체이다. 최근 농협의 현장에서는 CS 활동과 협동 활동, 교육 문화 활동이 혼재된 것을 자주 보게 되는데, 본질적인 차이를 이해하지 못하면 협동조합은 주식회사와 다를 게 없어진다.

농협 내부의 '작은 협동'은 조합원의 문제를 해결하기 위해 조합원이 주체가 되어 문제를 해결하는 장이며, 이를 위한 조직 만들기라고 말할 수 있다. 조합원이 주체가 되어 문제를 해결한다는 것은 조합원의 노동 관여 정도와 조합원의 운영 관여 정도를 말한다. 사업이 고도화되고, 시스템화되는 것 자체는 합리적이고 목적에 걸맞지만, 그에 모든 걸 맡

거버리면 협동조합은 협동조합으로 존재할 수 없게 된다. 협동조합의 역할로서 조합원이 지속적으로 조합에 관여하게 하고, 조합원들이 조합에 관여할 수 있는 장으로서 조합 내부에 '작은 협동'을 어떻게 키워갈 것인가가 중요하다. 지금까지 일본의 농협 운동은 시행착오를 겪으면서도 '작은 협동'을 내부에 계속 키워왔다. 앞으로도 이 움직임을 이어나갈 수 있을 것인가가 협동조합 앞에 놓여 있는 과제이다.

이번 장에서는 특히 농협 내부의 '작은 협동'과 농협의 관련 구조에 주목해 살펴보았다. '작은 협동'과 협동조합의 관련 구조를 보기 위해서는 협동조합의 바깥으로 확대되고 있는 다양한 '작은 협동'과의 관련 구조에도 관심을 가져야 한다. 농협의 기초 조직과 관련해서는 지역 만들기, 특히 지역 자치 조직과의 관계를 어떻게 가져갈 것인가도 풀어야 할 과제이다. 사업 면에서는 지역 농업의 진흥이나 지역 복지, 장보기 난민이나 교통 약자 등 사회적 과제를 해결하고자 하는 다양한 실천도 고민해야 한다. 지역 사회의 인프라로서 '종합' 농협의 사회적 역할을 생각할 때 앞으로 이런 활동과의 관련성을 더욱더 강화해갈 필요가 있다.[24]

---

24 지역 사회와 협동조합의 관계를 '작은 협동'의 관점에서 정리한 최근 연구는 다음을 참조.
     北川太一,〈大きな協同と小さな協同 JAは地域社会とどう連携するか〉, 石田, 小林 편저
     앞의 책, 161~173p.

농협과 생협을 지역의 협동 센터로

다나카 히데키

1 _ '작은 협동'과 '큰 협동조합'의 관계에 주목하여

이 장에서 특히 분명히 하고자 하는 부분은 다음 세 가지이다.

'작은 협동'이란 무엇인가?

'작은 협동'은 '큰 협동조합'의 협동을 회복시킬 수 있는가?

'작은 협동'과 '큰 협동조합'의 관련 구조와 '큰 협동조합'의 방향성

여기서 말하는 '큰 협동조합'이란 구체적으로 농협과 생협을 가리킨다. 마지막 장에서는 '작은 협동'과 농협, 생협이 관계를 맺는 방식 및 농협과 생협의 방향성을 검토하고자 한다.

'작은 협동'에 대해서는 서장에서 ①'작은 협동'의 조직 형태, ②왜 작은가, ③'작은 협동'의 역사, ④'작은 협동'의 의의에 대해 검토했다. ①과 ④의 의의에 대해서는 각 장의 구체적인 예를 들면서 다시 정리하려 한다.

각 장에서 살펴보았듯이 '작은 협동'은 지역과 강한 접점을 가지

며, 어느 활동이나 예외 없이 지역 커뮤니티의 재생 또는 지역 만들기의
일환으로 자리매김해 있다. '작은 협동' 자체가 지역 안에서 협력 관계
를 축적하고 있으며, 바꿔 말하면 커뮤니티 워크의 성격을 가진다고 할
수 있다. 또 각 장의 '작은 협동'은 모두 '큰 협동조합'인 농협, 생협과 깊
게 관계를 맺으며 전개되고 있다. 농협이나 생협에서 볼 때, '작은 협동'
과 관계를 맺는다는 것은 협동의 실태를 내재화하는, 즉 '큰 협동조합'
의 협동을 회복하고 지역과의 관계가 긴밀해짐을 의미한다. 그렇다면
'작은 협동'과 어떤 관련 구조를 가지며, 바람직한 관계 방식은 어떤 것
인가를 고민하는 것이 다음 검토 과제가 된다. 각 장을 되돌아보면서 이
점에 대해 살펴보도록 하자.

　1장에서는 집락형 농업 생산 법인인 팜오다를 살펴보았다. 집락형
농업 생산 법인의 입장에서 농협은 '비즈니스 파트너'이다. 이 말은 다
른 비즈니스 기업과 차이가 없다는 것이고, 법인의 이익이 되지 않으면
농협과의 관계는 후퇴한다. 농협도 단지 영농 경제 사업으로만 법인과
관계를 맺고 있어, 법인 내부의 농협 조합원 입장에서는 법인을 설립함
으로 인해 농협이 더 먼 존재가 되었다.

　그러나 법인 설립을 포함해 법인 지원을 보다 전면적으로 하는 농
협도 있다. 이런 지역에서는 조합원에게 농협은 법인의 든든한 후원자
이자 법인 존속에 꼭 필요한 존재가 된다. 또한, 농협의 기초 조직인 집
락에서의 대의원 선출을 포함해 농협과의 관계도 강화된다. 팜오다는
농업 생산, 직매장 운영, 쌀빵 제조 판매 등을 통해 지역에서 다양한 협
동을 만들고 있고, 농협의 기초 조직이기도 한 집락을 유지하는 데 큰 역
할을 맡고 있다. 1장의 사례처럼 법인은 지역 만들기 차원에서도 중요한
위치를 차지하고 있고, 농협 조합원의 생활과 집락 유지에 크게 공헌하

고 있다는 점에서, 단순한 비즈니스 파트너로 볼 것이 아니라 종합적인
지원 방식이 요구된다. 그렇게 되면 농협의 기초 조직인 집락과의 관계
도 강해지고 나아가서는 농협의 협동 회복으로 이어질 수 있다.

　2장에서는 JA아즈미의 서로 돕기 모임 "안심"을 다루었다. "안심"
은 농협 내부의 조합원 조직으로 시작해 자립을 위한 노력을 계속해나
가다 지역 NPO 조직으로 독립했다. 농협 내부의 조합원 활동으로 시
작했던 고령자 생활 지원과 복지 활동이 점차 자립해 지역으로 사업
을 넓혀나갔지만, 농협의 복지 사업(장기 요양 보험 사업)의 저변을 담당
하며 그 활동의 깊이를 더해가는 동시에 분업 관계를 훌륭히 형성해
왔다. 그러나 이 분업 관계는 농협의 복지 사업이 요양 보험 제도의 재
편으로 인해 중증 대상자 대응으로 전환되고 전문화와 고도화를 거치
면서, NPO가 된 "안심"은 그 방향 여하에 따라 농협으로부터 더욱 분
리될 가능성이 있다. 즉, 농협이 총체적으로 조합원의 생활을 지원한
다는 태도, 특히 '지역의 고령자 곁에서 함께하는 농협'이 될 것인지에
달려 있다. 지역의 고령자 곁에서 함께하는 농협이란, 고령화가 급속
도로 진행되는 지역에 단단히 뿌리를 내리고, 농협의 종합 사업이 하
나가 되어 어르신들 곁에서 어르신과 함께하는 것을 뜻한다. 구체적으
로는 '지소가 노인을 지키는 거점이자 창구'가 되어, 지소의 고령자 지
원 기능을 강화하는 것이다. 조합원의 생활 지원이라는 점에서 농협과
"안심"은 같은 태도를 지향하고 있으므로 둘 사이의 협력은 더욱더 깊
어질 수 있고, 지역에서 농협 저변도 넓어질 수 있다.

　3장에서는 생협을 모체로 태어난 '오타가이사마'를 다루었다. 지
바코프의 '생활 창조'라는 관점을 배워와 출발했지만, 생협시마네는 현
전체를 대상으로 하는 생협 사업이 아니라 지역별(시군 단위)로 조직했

다는 점, 생협의 지원을 받기는 하지만 조직적으로나 재정적으로 자립
했다는 점, 이 두 가지가 다르다. '오타가이사마'는 복지와 관련된 지원
만이 아니라 생활 속에서 일어나는 다양한 어려움을 유연하게 지원한
다. 지역에서 지원해줄 수 있는 지원자를 발굴해 등록은 하지만 조직화
(예를 들어 4장에서 다룬 워커즈처럼)는 하지 않는다. 의뢰인과 지원자를 이
어주는 코디네이터 집단이 운영 위원회가 되는데 이 운영 위원회가 유
일한 조직 집단이다. 코디네이터는 생협 이사나 조합원 활동가들이 깊
이 관여하고 있어, 이런 부분이 이사회에도 영향을 미치게 되는 것이 특
징이다. 지역에서 지원자를 찾아내 의뢰인과 연결해주면서, 지역에서
양방향으로 '서로 돕고 돕는' 관계를 만들어내고 있으며, 한발 더 나아
가 지역의 여러 단체가 협동할 수 있는 '지역 연결 센터'를 만들고 있다.
'오타가이사마'는 현재 전국에 20개 정도이지만, 최근 빠르게 그 수가
늘어나고 있으며, 생협의 테두리를 벗어나 확대되고 있다는 것을 나타
낸 것이 3장에 실린 표1이다.

  '오타가이사마'는 생협이 키워온 조합원의 사회적인 힘이나 생협
조합원 사이의 '연대 의식'과 같은 '생협이 만들어낸 것'을 기반으로 하
고 있다. 즉 생협이 사회관계 자본을 만들어내고 있는 것이다. 우리는
먼저 이 부분에 확신을 가져야 하지 않을까. 농협을 포함해 '큰 협동조
합'은 지역에서 조합원 사이의 다양한 연결로써 사회관계 자본을 키워
왔고, 그것이 '작은 협동'의 기반이 되고 있다는 점은 중요한 발견이다.
'오타가이사마'는 조합원의 자주적이고 자립적인 조직이며, 앞서 언급
했듯이 오타가이사마 운영 위원회에는 생협 이사나 조합원 활동가가
적극적으로 참여한다. 이런 참여는 생협 이사회에 생활을 바라보는 관
점을 제공하면서, 이사회에서 조합원의 생활에 대해 구체적으로 이야

기할 수 있도록 만든다. 이 두 가지 사실은 '작은 협동'과 '큰 협동조합'
이 관련 구조를 생각할 때 중요한 부분이다.

4장에서는 복지클럽생협을 다루었다. 복지클럽생협과 그 내부에
조직되어 있는 워커즈콜렉티브(W.Co)는 '큰 협동조합'과 '작은 협동'
의 관계인 셈이다. W.Co는 장보기를 포함한 가사 지원, 즉 케어 워크를
W.Co로 조직한 것이며, W.Co 사이의 횡적 연대를 행정 단위로 네트워
크화하고, 지역 분권의 단위로 삼았다. 나아가 독자 사업을 기초로 장기
요양 보험 이용과 W.Co의 독자적인 케어 워크를 편성하여, 커뮤니티
케어의 일환으로 장기 요양 보험 사업을 규정했다. 농협과 생협의 복지
사업이 장기 요양 보험 사업에 치중하거나 전문화되는 경향이 강해지
는 가운데 W.Co의 케어를 독자 사업 기초로 편성하고자 하는 것이 특
징이라 할 수 있다. 복지클럽생협 본부는 W.Co의 사업 연합으로서, 가
정 공급 사업의 상품 시스템(배송 일부를 포함)과 결재 시스템을 담당하
고 있으며, 중앙회로서 W.Co 설립을 포함한 지원을 하고 있다.

'작은 협동'의 조직 형태는 법인, NPO, 오타가이사마 운영위원회,
W.Co 등 이 책에서도 다양하게 등장한다. '큰 협동조합'에서 자립해 독
립된 조직체가 된 '작은 협동'을 지원하는 방식으로, 복지클럽생협은
조직적이고 협동조합적인 지원을 하고 있는데, '큰 협동조합'이 자립한
'작은 협동'을 지원하는 방식이라는 측면에서 배울 점이 있다.

5장에서는 개별 '작은 협동'이 아니라 농협의 조합원 조직에 초점
을 맞추어 농협에서 생겨난 '작은 협동'에 대해 검토했다. 농협 여성 조
직으로부터 농산물 자급 움직임이 나타났고, 그에 따라 가공 그룹이 생
겨나며, 후에는 직매장으로 이어진 '작은 협동'이나, 서로 돕기 모임과
같은 흐름이 생겨나는 등 여성부가 '작은 협동'을 만들어내는 모체가

되었음을 알 수 있었다. 그러나 한편으로 농협의 기초 조직이자, 조합원의 구체적 생활의 장(場)인 집락은 위기 상황에 놓여 있는데도 농협이 '방관하고' 있다는 점이 지적되었다. 집락형 법인이 집락 유지에 중요한 역할을 맡고 있다는 것에 대해 농협의 역할이 요구되고 있다는 점은 1장에서도 지적했는데, '작은 협동'을 집락에서 다시 만들어내는 데 농협도 지원해야 한다는 요구가 높다.

2 _ '작은 협동'의 조직 형태 및 '큰 협동조합'과의 관련 구조

지금까지의 검토를 토대로 '작은 협동'의 조직 형태와 '큰 협동조합'과의 관련 구조를 정리해보자.

먼저 각 장에서 소개한 '작은 협동'의 조직 형태를 표1에 정리해보았다.[1] 1장에서 다룬 팜오다는 농협법상의 법인 조합원 제도를 취하고 있고, 이사회와 총회를 두고 있지만, 사업에서는 오퍼레이터 집단과 보조 작업자, 물과 논둑 관리 작업자의 협력 노동으로 일상 업무가 이루어진다. 농협과는 기초 조직인 집락이 같고, 법인 조합원은 동시에 농협 조합원이기도 한데, 농협과 법인 사이에 조직적인 연관은 없어 법인 설립과 함께 조합원 의식은 농협에서 멀어지는 경향이 있다.

2장에서 다룬 서로 돕기 모임 "안심"은 협력, 이용, 찬조 회원이라는 회원 제도를 가지고 있지만, 농협 내부의 조합원 조직이며, 사무국은

---

1   주로 생협에 대한 것인데, 서로 돕기 모임이나 오타가이사마, W.Co 등의 유형화 시도와
    관련해서는 다음 자료가 있다. 橋本吉広, 〈生協における生活互助組織の展開と今後の
    課題〉, 《金城学院大学論集 社会科学編》第10巻第1号, 2013.

표1 '작은 협동'의 조직 형태

작은 협동	조직	활동·사업 구성원	농협·생협과의 관련
팜오다	법인 조합원	OP 집단+보조·관리 작업자	독립된 외부조직
서로 돕기 모임 "안심"	회원제	협력·이용·찬조 회원	조합원 조직(사무국 지원)
NPO "안심"	NPO(회원제)	정·이용·찬조 회원	NPO로 외부화(사무국은 지원)
오타가이사마	운영위원회 (지원자 등록)	이용자·지원자 집단· 운영 위원회	사회관계 자본 제공과 생협 이 사회의 변화
워커즈콜렉티브	노동자협동조합	이용자 조합원·W.Co 조합원=노동자 조합원	모두 복지클럽생협 조합원 사업 연합·중앙회 역할을 하며 지원

*각 장의 내용을 토대로 작성

농협 직원이 맡고 있다. "안심"은 그 후 NPO로 독립해 조직 형태는 회원제 NPO 조직이 되었고, 시의 사업도 위탁받으며, 농협으로부터 조직적으로나 사업적으로 분리되고 있다. 단, 사무국은 농협에서 사람을 지원받는다.

3장에서 다룬 '오타가이사마'는 지역에서 다양한 지원자를 발굴해 등록하고 있지만, 조직화하지는 않으며 이용자와 지원자를 이어주는 코디네이터에 해당하는 운영 위원회만 조직화하고 있어 NPO와 비슷하다.[2] 생협에게서 조직적, 재정적으로 독립되어 있지만, 생협 조합원

---

2 '오타가이사마'의 조직 성격을 보면, 운영 위원회는 생협 이사나 조합원 활동가로 구성되어 있고 조직의 틀을 갖추고 있지만, 지원자 집단이나 이용자는 항시적인 조직 형태를 띠지 않고, 지역의 다양한 사람들과 생활 실태에 초점을 맞춘다. 그야말로 쌍방향의 '오타가이사마(서로 돕기)' 관계를 지역에서 키워가는 역할을 하고 있어, 운영 위원회 조직이 NPO적 성격을 가진다고 볼 수 있다. 지원자를 워커즈처럼 조직화하지 않는 이유는 지원과 이용의 관계가 쌍방향적이고, 그때그때 임기응변으로 변하는 '오타가이사마(=서로 돕기)'의 관계에 있다는 것을 중시하기 때문이다. 지역의 생활에 밀착하면서 가사 노동의 협업과 분업 관계를 가족을 넘어 단발적으로 조직화하고 있고, 생협 입장에서도 지역의 생활과 그곳에서의 인간관계를 발굴하고 가시화하고 있어, 생협 조직의 활성화로 이어진다.

조직을 일종의 사회관계 자본으로 삼아 그 연대 의식을 기반으로 하고 있으며, '오타가이사마' 활동이 지역에서 구체적인 협동을 만들어내고, 나아가 생협 이사회가 생활의 관점을 가질 수 있도록 해주고 있다.

4장에서 다룬 복지클럽생협의 W.Co는 법인격은 없지만 노동자 협동조합이다. W.Co 구성원은 노동자 협동조합의 조합원인 동시에 복지클럽생협 조합원이며, 사업을 이용하는 이용 조합원도 복지클럽생협 조합원이다. 회원제를 취하지 않고, 같은 생협 조합원이라는 점에서 조합원에게 열려 있다는 것이 특징인데, '오타가이사마'와 비교하면 '오타가이사마'는 조합원 제도를 취하지 않으며 지역에 더 개방되어 있다. 복지클럽생협 본부와의 관계는 본부가 사업 연합 및 중앙회 자격으로 노동자협동조합을 지원하는 관계이다.

표1을 토대로 좀 더 '작은 협동'과 농협, 생협의 관계를 사업적인 관련 구조까지 포함해 깊이 있게 분석한 것이 도표1이다. ①팜오다와 ②"안심"을 비교해 보면, ②는 농협의 조합원 조직으로 농협에 포함된 내포형이라 할 수 있지만, ①은 서로 독립된 외부 조직끼리의 관계이며, 비즈니스 파트너로 서로 독립된 조직 간의 관계라는 점에서 ①과 ②는 대조적이다. 도표에서처럼 둘 다 지역 커뮤니티나 집락을 활동 및 사업의 기반으로 하고 있다는 사실은 중요하다. 이런 관점에서 보면 ①의 법인은 집락을 기반으로 하여 집락을 유지하고 재생하려고 하고 있는데, 농협은 기초 조직으로서의 집락을 '방관'하고 있어서 서로 외부적인, 말하자면 대립적인 관계에 있는 것처럼 보인다. ②의 "안심"은 조합원끼리의 서로 돕기가 집락을 기반으로 하는 미니 주간 보호 서비스처럼 지역에 열려 있기 때문에 농협의 장기 요양 보험 사업의 저변을 형성하며, 농협의 장기 요양 보험 사업의 내용을 충실하게 만들어주고 있

도표1 '작은 협동'과 농협·생협의 관련 구조

작은 협동	활동·사업	관련된 농협·생협 사업	관련 구조
①팜오다	농협 생산·가공·판매 ← 신용·구매·판매 지역 커뮤니티(집락)		비즈니스 파트너 형
②서로돕기 모임 "안심"	농협 생산·가공·판매 　 장기 노인 요양 보험 사업 지역 커뮤니티		내포형
③NPO "안심"	지역 서로 돕기 　 장기 노인 요양 보험 지역 커뮤니티		자립·외부화형
④오타가이사마	생활 전반의 서로 돕기 (운영 위원회) ← 생협 이사회 생협 조합원 조직 지역 커뮤니티		생협 모체·지역 협동 양성형
⑤워커즈콜렉티브	장보기·가사 등 지원 ← 가정공급·결제 시스템 W.Co지원 이용 조합원 지역 커뮤니티		사업 연합·중항회형

*필자 작성

다. 그러나 ③처럼 "안심"이 NPO가 되어 외부화하기 시작했고, 한편으로 고도화와 전문화, 비즈니스화한 농협의 장기 요양 보험 사업도 중증자 대응으로 바뀌고 있다. 장기 요양 보험 제도와 관련한 사업은 지역과의 접점이 헬퍼와 보호 대상자의 점적인 관계에 그치고, 지원 대상자도 더 한정되었다. 다시 NPO가 된 "안심"과의 연계를 강화해야 하고, 이를 위해서라도 농협의 복지 사업은 지역과의 접점을 확대하는 방책을 마련해야 한다.

④의 '오타가이사마'는 지역 안에서 생활 전반에 걸친 서로 돕기 관계를 만들어내고 있고, 생협과 사업적인 관계는 없지만 생협 조합원 조직이 만들어내는 '연대 의식'과 같은 것이 폭넓은 토대가 되고 있다. 이용을 조합원에게 한정하지 않고, 더 넓게 지역 커뮤니티 안에서 서로 돕는 관계를 만들려 하고 있다. 용어가 익숙하진 않겠지만, '생협 모체 · 지역 협동 양성형'이라고 하겠다. ⑤는 앞에서 말한 것을 도표로 나타냈다.

많은 농협과 생협의 서로 돕기 모임이 회원제를 취하고 있지만, 협동조합 내 조합원 조직이라는 성격을 강하게 가지고 있는, 즉 ②는 내포형인데 반해, ③④⑤는 '큰 협동조합'에서 자립해 지역 분권적인 자주 운영을 강화하고 있기에 협동조합 또는 NPO로서 지역의 생활에 뿌리를 내리고 있다는 점이 배울 만하다. 서로 돕기 모임은 회원제를 취하고 있고 형식면에서는 협동조합에서 자립한 조직도 많지만, 실태를 보면 농협, 생협 내부의 조합원 조직이고 '큰 협동조합'의 강한 영향 아래에 있다. 그러나 지역의 생활과 거기서 나오는 생활의 요구는 매우 개성적이고 다양하며, '지원 내용은 배려를 통해 변화'(3장)하기 때문에, 바로 이런 점에서 자립한, 게다가 '작은' 협동에 의미가 있는 것이다. 농협과 생협이 지역에 단단하게 기반하기 위해서는 자립한 '작은' 단위로 협동을 재생하는 것이 의미가 있다.

다음으로 조직적으로서 자립한 '작은 협동'과 농협, 생협의 관련 구조에서 주목할 만한 것이 ④와 ⑤이다. 양자는 대조적인 측면을 가지고 있다. '큰 협동조합'과 '작은 협동'의 관련 구조라는 면에서 ⑤가 더 협동조합 간의 조직적인 관계인데 반해, ④는 조직적인 관계를 취하지 않고 어디까지나 조합원 기반이 같다는 것에 기초하여 생협이 구체적인

생활의 관점을 가지게 하는 데 성공했다는 특징이 있다. ⑤의 복지클럽
생협은 요코하마시라는 대도시를 기반으로 하고 있어, W.Co의 케어 워
크 협동은 도시적인 인상이 강한데, W.Co라는 조직 형태가 도시에만
보급된 것은 아니다. 농촌에서도 농산물 가공 그룹 등에서 W.Co에 가
까운 조직이 만들어져 있고 같은 방향성을 내걸고 있다.[3] 양자의 차이
는 대도시형과 지방 도시, 농촌형이라는 것과 관계가 없지는 않으나, 결
정적인 요인은 아니다. 농촌의 농산물 가공 및 복지 그룹의 조직화와 농
협의 지원 방식으로서 사업 연합과 중앙회 방식의 지원 구조를 구축하
는 데는 ⑤의 실천에서 배울 점이 많다고 본다. 또 ④의 생협 본체가 장
기 요양 보험 사업을 시작하거나 지역의 장기 요양 보험 사업소와의 접
점이 강해지면 사업적인 관련이 생겨난다. ④와 ⑤는 대립적이 아니라
'작은 협동'과의 관련을 강화하는 면에서, 둘 다 '큰 협동조합'이 생각해
야 할 포인트를 제시해주고 있다.

3_지역 협동의 센터로서 농협과 생협

'큰 협동조합'인 농협과 생협은 대규모화하면서 점차 지역과 멀어지고
있는데, 내부나 주변에 '작은 협동'을 만들고, 작은 협동 조직의 자립과
자주 운영을 지원하는 방식을 통해 다시 지역과의 관계를 강화하고 협
동의 실태를 내부화할 수 있다. 이때 협동조합으로서 키워온 조합원 간
의 '연대 의식'이 사회관계 자본으로 지역에 축적되어 있다는 점과 이

---

3   《JA女性組織の活性化と農村女性ワーカーズ育成の方向》, JA全中, 2001.

런 사회관계 자본이 '작은 협동'을 조직화하는 데 기반이 되고 있다는 점은 '큰 협동조합'의 역할로서 확신을 가져야만 하는 부분이다. '작은 협동'을 지원하는 방식도 이 책에서 든 사례는 일부에 지나지 않으며 이외에도 많은 실천이 있고 거기서 배울 점도 많다.[4] 이 책은 그 맛보기에 지나지 않는다.

마지막으로 '작은 협동'과 그것을 지원하는 관계인 '큰 협동조합'은 그 자체가 지역의 협동 센터의 위치를 가지며 그런 역할을 발휘해줄 것이라 기대를 모은다. 그럼 왜 지역의 협동 센터라는 위치를 가질 수 있는 것일까. 이에 대한 이유는 지역 조합원의 생활에 기점을 두고 '작은 협동'과 '큰 협동조합'의 관계를 바라보면 알 수 있다.

새로운 '작은 협동'을 중심으로 한 협동의 지역적 축적은 주체로서의 개인의 노동과 그것을 돕는 가족, 커뮤니티 워크, 그리고 전문가의 서포트 워크라는 지역적 협동 관계의 축적인데, 중요한 것은 주체인 개인의 생활 영위로서의 노동을 출발점으로 한다는 점이다.

조합원의 생활 속에서 장보기나 농산물 출하, 판매와 같은 행위는 사회와의 창구, 사회와의 접점이며, 생활 속에서 이루어지는 가사, 육아나 돌봄, 생산 노동과 연결되어 있다. 즉 구매와 판매 협동은 큰 포섭적 협동이 될 수 있는데, 그 배후에 있는 생활 속의 노동과 이어져 있는 것이다. 예를 들어 식사 준비의 핵심인 메뉴 짜기는 장보기와 이어진다. 가족의 건강 상태나 식재료 보관 상황, 시간 배분을 머릿속으로 그리면

---

4 예를 들어, 농협 헬퍼 연수생이 만든 시마네현 구 이시미초의 '이키이키이와미' 사례(졸저 《地域づくりと協同組合運動》第2章). 또, 인간관계의 희박화가 '먹거리의 사막'화를 초래하는 큰 요인임을 지적한 이와마 노부유키(岩間信之)의 《都市のフードデザート問題》(농림통계협회, 2017)에도 배울 점이 많은 사례가 소개되어 있다.

서 메뉴를 짜기 때문이다. 그뿐만 아니라 노부모를 돌보는 데 필요한 상품이나 어떤 도움을 받을 수 있는지를 떠올리는 등 생활 속의 다양한 노동과 연결하며 장을 본다. 더욱이 자급적인 농산물 생산도 가정 내 노동의 일부이다. 가족의 건강 상태를 생각하면서 무엇을 재배할지 정하고, 취사 노동과 이어지면서 계절 식탁을 꾸미기 때문이다. 이런 자급적인 농산물 생산은 직매장에 출하하는 상품 생산 노동과도 이어진다. 가정 내 노동으로 보면 자급 농산물 생산은 소비로 연결되고, 그 연장선상에는 상품 생산 노동과 출하 판매 노동이 자리한다. 가정 내 노동이 점차 상품으로 대체되고 있다고 하지만 아직 상품화되지 않은 소비, 서비스 노동이나 생산 노동이 많이 남아 있고, 이런 소비와 서비스, 생산 노동은 장보기나 출하와 이어진다. 장보기나 출하의 배후에는 생활과 관련된 다양한 노동과의 연결 고리나 생활에 관한 걱정이나 고민이 있다. 지역에 사는 조합원의 구체적인 생활 속에서는 농협과 생협의 사업 내용인 장보기나 농산물 판매도 복지와 돌봄 등의 노동이나 농산물 생산 노동과 이어지면서 하루하루의 생활이 이루어진다.

농협이나 생협이 지역에서 활성화되고 있는 새로운 '작은 협동'과 적극적으로 연계하고, 나아가 새로운 협동을 적극적으로 만들어내는 전략('큰 협동조합 속에 작은 협동조합을 만든다')을 취한다면, 농협이나 생협 내부의 협동을 활성화하고, 한 발 더 나아가 새로운 협동조합의 상을 만들어낼 수 있을 것이다. 지역의 생활 주체인 조합원으로 이야기를 다시 돌리자면, 조합원 노동을 사회화한 형태인 생산, 복지, 판매, 구매 등의 협동은 이미 만들어져 있다. 이러한 조합원 노동을 기점으로 연대할 때 다양한 협동조합 노동은 지역 안에서 함께하며 조합원 노동을 보완하고 협동할 수 있을 것이다. 농협과 생협이 지역에서 적극적으로 새로운 협동을 키우고, 판매 및 구매 협동에 내포화하거나 관련을 맺는다면, 판매와 구매 협동에도 새로운 에너지를 주고, 지역의 협동 센터로 자리매김하게 될 것이다.

추천의 글

더욱 다양한 '작은 협동'을 상상하며

아이쿱생협연합회 부회장 김정희

우리는 개인의 생활에 매우 큰 영향을 미치는데도 혼자 해결할 수 없는 경제적, 사회적, 환경적 문제들과 늘 맞닥뜨리고 삽니다. 글로벌 시장 경제의 가속화로 인해 사람들은 더욱 불평등해지고, 미세 먼지와 미세 플라스틱은 우리들의 건강을 위협하며 해가 갈수록 기후 위기는 더 심 각해졌습니다. 이에 더하여 2020년에는 지난 해 처음 출현한 코로나19 바이러스로 인해 전 세계가 공황 상태라고 해도 과언이 아닙니다. 이런 공동의 문제들에 대해 우리들은 늘 연대와 협동으로 문제를 해결하라 배웠고, 이를 실천했습니다.

그러나 코로나의 경우 벤자민 플랭클린의 카툰으로 유명해져서 많은 사람들에게 협동과 연대를 촉진한 "뭉치지 않으면 죽는다(Join, or die)"라는 말을 물리적으로는 실천하지 않아야만 공동체가 살 수 있다 는 역설적인 상황을 우리에게 보여주었습니다. 그리하여 많은 사람들 이 고립되고, 소외되고, 사회 전체가 우울감에 빠진 상태로 연말을 맞이 했습니다. 특히나 경제 '자유'라는 이름으로 점점 실질적 자유 상태에서 멀어지는 사회적 불평등과 기후, 바이러스와 같이 인류에게 평등하게 영향을 미치는 것처럼 보이지만 실제적으로 그 결과가 매우 불평등하게 작동되는 문제들을 해결하기 위해 우리는 좀 더 적극적으로 그러나 지금과는 다른 시도들을 해야겠다는 고민들을 합니다.

경제적, 사회적 불평등이 가속화되고, 기후 문제와 팬데믹에 이르기까지 다시금 인류가 함께 해결해야 하는 거대한 문제들 속에서 '작은 협동'을 이야기하는 다나카 히데키(田中秀樹) 선생님의《협동의 재발견》은 어쩌면 근본적인 문제에 대한 해결책은 아닌 것처럼 보입니다. 그러나 실제로 2020년 많은 지역 조합을 방문하여 조합과 조합원들이 처해 있는 상황에 관해 이야기를 나누고 팬데믹 시대 조합원들의 욕구를 해결하기 위한 새로운 활동을 모색하는 생각을 모을 때 '서로를 돌보는' 네트워크의 재설정이 매우 필요하다는 의견들이 많았습니다. 전국 규모의 연합 사업체를 통해 '규모의 경제'로 인한 이익을 공유하는 사업적 측면에 대해서 분명히 그 필요와 효율, 효과에 대해 공감하면서도 실제 그 안에서 사업을 이용하는 개개 조합원들은 몰개성적인 '고객'이 아니라 마을을 함께 구성하는 '이웃'으로 우리와의 관계 속에서 존재하기 때문입니다. 이것은 시대에 맞는 협동을 재구축함으로써 협동조합 운동을 재건할 수 있다는 저자의 생각과도 맞아떨어지는 부분입니다.

이 책은 글로벌 경제에 편입된 일본의 경제 상황에 따른 농업 사회의 변화, 그리고 인구의 노령화와 가족 구성상의 변화 등이 가져온 일본 사회의 변화 속에서 거대한 규모의 농협과 생협 안에서 일어난 다양한 '작은 협동'의 배경과 역사적 전개 과정, 그리고 그것이 가져온 변화를

상세하게 서술하고 있습니다. 특히 그동안 간단하게 운영의 원리와 현황에 대해서만 알고 있던 '오타가이사마(おたがいさま)'의 경우 실제 사례와 더불어 참여자들의 목소리를 생생하게 들을 수 있었고 단순히 과거의 사례 공유를 넘어 코로나로 인해 달라진 일상생활을 어떻게 다시 구조화하여 새로운 이웃 관계를 엮어내고, 안전하면서도 더 풍요로운 마을에서의 삶을 만들어갈 것인가를 상상하게 만드는 시간이었습니다.

인간관계가 개별화되고 고립적인 무연 사회로 나아가며 지역 커뮤니티가 쇠퇴하는 과정 속에서 현대인들은 코로나 이전부터 서로가 관계를 맺지 않아도 '생존'할 수 있다는 착각을 한 것이 사실입니다. 그러나 코로나로 인해 그러한 관계가 수동적으로 단절되고 영원히 상실될 수 있다는 두려움은 우리들의 삶을 다시 돌아보게 합니다.

많은 협동조합인들은 규모의 경제를 통해 맞닥뜨린 위기를 해결한 경험이 있습니다. 그러나 그 과정에서 우리가 잊어버렸거나 소홀히 했던 '작은 협동'의 힘이 어느 때보다 필요한 시기입니다. 《협동의 재발견》에서 논의하는 이 '작은 협동'의 물결이 '큰 협동조합'의 내부를 일신하리라 믿습니다. 이러한 협동을 가능하게 한 사회적 자본 관계가 역동적으로 작용하면서 일으킬 긍정적인 영향에 큰 기대를 겁니다.

스스로를 돕는 자조(自助)의 정신을 가진 개인은 상조(相助), 즉 서로 돕는 타인과의 관계 속에서 성장합니다. 이러한 협동의 가치가 실질적으로 사회의 주요한 변화를 일으키기 위해서 우리는 더 많은 '작은 협동'을 상상하고 실천해가야 할 것입니다. 이 책을 통해 상상을 현실로 만드는 기적의 발걸음을 함께하는 분들이 더 많아지기를 바랍니다.

협동의 재발견

1판 1쇄 찍음 2020년 1월 4일
1판 1쇄 펴냄 2021년 1월 13일

편저자 다나카 히데키
옮긴이 세이프넷지원센터 국제팀(김은영 이은선 이주희)
펴낸이 안지미
기획 세이프넷지원센터 국제팀
편집 김유라
디자인 안지미 이은주 진보라
제작처 공간

펴낸곳 (주)알마
출판등록 2006년 6월 22일 제2013-000266호
주소 04056 서울시 마포구 신촌로4길 5-13, 3층
전화 02.324.3800 판매 02.324.7863 편집
전송 02.324.1144

전자우편 alma@almabook.com
페이스북 /almabooks
트위터 @alma_books
인스타그램 @alma_books

ISBN 979-11-5992-326-5 03330

이 책의 내용을 이용하려면 반드시 저작권자와 알마 출판사의 동의를 받아야 합니다.

이 도서의 국립중앙도서관 출판예정도서목록CIP은 서지정보유통지원시스템 홈페이지
http://seoji.nl.go.kr와 국가자료종합목록 구축시스템http://kolis-net.nl.go.kr에서 이용하실 수
있습니다. CIP제어번호: CIP2020052830

쿱드림은 아이쿱생협과 알마 출판사가 함께 만드는 사회과학 브랜드입니다.

종이 표지_비비칼라 185g/㎡ 본문_그린라이트 80g/㎡